Reconocimiento para *el Poder de TED**

"No es exagerado decir que nuestro mundo sería un mejor lugar si todos lo leyeran".

> - **Lisa Lahey,** Ed.D., Harvard Graduate School of Education; coautora de *Immunity to Changeand An Everyone Culture*

"Cuando se encuentran consejos prácticos con explicaciones profundas, pero simples, para el comportamiento humano, podemos aprender, cambiar y crecer".

> - **Annie McKee,** co-autora de *Becoming a Resonant Leader, Resonant Leadership,and Primal Leadership*

"Este pequeño libro poderoso señala el camino hacia una vida enormemente gratificante de relaciones de empoderamiento: en el trabajo, en el hogar, en toda su vida".

> -**Gay Hendricks,** Ph.D., y **Kathlyn Hendricks,** Ph.D., autores de *Conscious Loving*

"Conociendo las características del Temible Triángulo Dramático (DDT) y su alternativa creativa, TED* (* El Empoderamiento Dinámico) es notablemente transformador. ¡Es imposible exagerar mi entusiasmo por este libro! "

> - **Brian Johnson,** Fundador, PhilosophersNotes

"TED* es completamente simple e infinitamente matizado".

> - **Molly Gordon,** MCC, Shaboom, Inc.

"¡Hermoso, profundo, amigable y divertido! Esta historia magistral toca el punto ideal donde se encuentran la espiritualidad y la practicidad. TED* proporciona sabiduría esencial para cualquier persona comprometida a vivir una vida útil y apasionada".

> - **Eric Klein,** autor de *To Do or Not To Do and Awakening Corporate Soul*

"Simple, hermoso, transforma la vida. ¡Querrás compartir una copia con todos tus conocidos!

> - **Jane Nelsen,** Ed.D., autora de *From Here to Serenity: Reconnecting to Your Heart and Soul and the Positive Discipline series*

"Al igual que todos los mejores libros de crecimiento personal, *El Poder de TED** no se detiene en proporcionar un camino claro hacia un mayor bienestar. La historia transformadora de la vida de David Emerald realmente crea un cambio positivo en su forma de pensar. Leer *TED** es como tener una sesión privada con un maestro espiritual y un entrenador talentosos: al realizar este viaje maravilloso, te despiertas a nuevas y poderosas posibilidades".

> - **Jennifer Louden,** autora de *Comfort Secrets of Busy Women y the Comfort Book series*

"Con esta fábula alegre pero engañosamente simple, David Emerald nos ha dado... conocimientos extraordinariamente ricos que nos permiten romper viejos patrones y reemplazarlos con formas más fructíferas de conocernos a nosotros mismos y a los demás. Una adición única y práctica a la caja de herramientas de cualquier mentor o coach".

> - **Laurent A. Parks-Daloz,** autor de *Mentor: Guiding the Journey of Adult Learners y coautor de Common Fire: Leading Lives of Commitment in a Complex World*

"*El poder de TED** proporcionó más información sobre las relaciones interpersonales y la posible disfunción de las relaciones humanas que mi rotación de psiquiatría y los años de experiencia trabajando en un hospital público".

> - **Kenneth K. Adams,** MD

"TED* ha aumentado mi conciencia; con mayor conciencia, veo una imagen más completa y puedo tomar mejores decisiones".

> - **Randy Eisenman,** Socio Director, Satori Capital

"*El poder de TED** es un mensaje de esperanza simple y sin prejuicios. Este libro prepara el escenario para que las personas con intereses y puntos de vista diversos trabajen juntos de maneras innovadoras para abordar las causas principales en lugar de simplemente los síntomas".

- **Deborah Nankivell,** Directora Ejecutiva, Consejo Empresarial de Fresno

"*El Poder de TED** ha sido profundamente gratificante para mí y 1st Global. Ser consciente del papel que estoy desempeñando y las decisiones que tomo ha generado un cambio significativo en mi vida. TED* también ha sido un factor clave para ayudar a 1st Global a cumplir su propósito: permitir una vida llena de propósitos".

- **David C. Knoch,** Presidente de 1st Global

"Inspirador, fundamentado y accesible describen la poderosa presencia de *El Poder de TED** (* *El Empoderamiento Dinámico)* de David Emerald. Este libro y el cuerpo de trabajo es uno de los mejores marcos que he visto para entender la experiencia humana desde una perspectiva espiritual. Tanto durante nuestros servicios dominicales como en el seminario que siguió, David tocó las mentes, los corazones y las almas que escucharon su sabiduría y exploraron la manera de pasar de Víctima a Creador en sus vidas".

- **Debra Carter Williams,** ex Ministra Senior, Unidad de la Iglesia de Naples (Florida)

"Qué placer fue comenzar a leer este libro de lectura fácil, no se puede dejar de leer hasta que lo termines, que contiene sugerencias prácticas para mejorar la calidad de vida. Ya sea que administres un departamento o una familia, o vives solo, este libro de bolsillo dinámico no es cualquiera día en la playa...Es un viaje que tocará y transformará cada parte de la vida del lector".

- **Patrick Cooney,** SPHR, Director de Recursos Humanos, Ciudad de West Palm Beach (Florida)

"David Emerald ha escrito un libro hermoso y reflexivo que nos brinda una herramienta útil para vivir vidas empoderadas".

- **Merlene Miller,** autora de *Staying Clean and Sober: Complementary and Natural Strategies for Healing the Addicted Brain and Reversing the Regression Spiral* (and others)

"Profundamente simple...no necesariamente fácil...sin embargo, inminentemente posible para cada uno de nosotros vivir como el Creador que somos. David Emerald revela una clave práctica y una comprensión profunda que cambiarán tu vida: un libro poderoso. ¡Espero que todos tengan la oportunidad de recibir el *Poder de TED**!"

- **Dorothy J. Maver,** Ph.D., Directora de Proyecto, Kosmos Associates

"Elocuente en la entrega de su mensaje simple pero profundo. ¡Ya le he dado una copia a mi esposa, a mi padre y a dos socios comerciales!

- **Tommy Glenn,** empresario y ex presidente, Netbank Payment Systems

"Ya sea que estemos ayudando a profesionales, gerentes corporativos, líderes o padres, cualquiera que tenga una relación, veo enormes oportunidades para resistir nuestras viejas tendencias de ser la víctima...TED* es una llamada de atención a estos hábitos de comportamiento y lo que nos cuestan en la calidad de nuestras vidas. Y TED* muestra cómo hacer más elecciones de empoderamiento...¡Si eres un ser humano, lee este libro!
- **Fran Fisher, MCC,** fundador y antiguo propietario, Academy for Coach Training y Living Your Vision®

"El poder de TED* es el poder de Tao. Identifica una dialéctica de empoderamiento que suena verdadera y resuena con sentido común y practicidad. No solo encuentro el uso inmediato con mis clientes individuales, sino que también lo encuentro aplicable valiosamente a contratos de consultoría de mayor escala".

- **Bert Parlee,** Entrenador Integral, Asesor y Psicólogo, y el ex "Jefe de Personal" de Ken Wilber en el Instituto Integral, Boulder, CO

EL PODER DE TED*

*THE EMPOWERMENT DYNAMIC
(EL EMPODERAMIENTO DINÁMICO)

David Emerald

✳

EL PODER DE TED*
*EL EMPODERAMIENTO DINÁMICO

Publicado por

POLARIS

Polaris Publishing
321 High School Rd NE – PMB 295
Bainbridge Island, WA 98110

TERCERA EDICIÓN
Portada y Diseño de Interiores por Robert Lanphear
Ilustraciones por Obadinah

ISBN: 9780996871822

SEL031000 SELF-HELP / Crecimiento personal / General
PSY017000 PSYCHOLOGY / Relaciones interpersonales
SEL044000 SELF HELP / Autogestión / General

Impreso en los Estados Unidos de América

A todos los
Emponderados, Coaches

CONTENIDO

PRÓLOGO

POR LISA LAHEY

Dime, ¿qué planeas hacer con tu vida salvaje y preciosa?

- Mary Oliver

He compartido la línea de Oliver con muchas personas en los últimos años. Cuando lo hago, surgen tres observaciones:

1) La gente está de acuerdo en un punto: cada uno de nosotros tiene una vida.

2) Las personas tienden a responder positiva o negativamente a la frase; pocas personas responden de manera neutral.

3) Dentro de esas dos reacciones, hay una variación significativa en por qué las personas sienten lo que sienten.

Algunas personas están encantadas con el recordatorio de la pregunta de que sus vidas están en sus propias manos, mientras que para otros, es una idea novedosa incluso maravillosa que realmente podrían planear hacer algo con sus vidas. Otras personas se avergüenzan de no poder responder la pregunta, y otros están enojados con la pretensión de que pueden planificar sus vidas. Aún otros se ríen de la palabra "preciosa", sintiéndose bastante claros de que no hay nada valioso en sus vidas en este momento. En cambio, la vida se siente como un peso, una pelea o algo peor.

Algunos se sienten tan abatidos que dicen que parece temerario siquiera imaginarse estar a cargo de sus propias vidas. Es posible que tu mismo hayas tenido otra reacción.

He llegado a ver las respuestas de las personas a estas diez palabras simples como una ventana a dos formas esenciales en que nos vemos a nosotros mismos y a nuestras vidas. En términos generales, una forma es vernos a nosotros mismos a merced de quienes nos rodean, y la otra es vernos a nosotros mismos como representantes de nuestras vidas. Podemos avanzar y retroceder entre estas dos formas de pensar, aunque las personas parecen funcionar predominantemente de una u otra.

Como si no fuera suficiente una carga experimentar la misericordia de los demás, me he dado cuenta de que muchas personas que se sienten así también están sufriendo, sintiéndose estancadas, pensando mal de sí mismas (a menudo en silencio, aunque algunas personas lo cubren hasta con su enojo), y casi siempre están solos por sí mismos. Les resulta difícil pedir ayuda por muchas razones diferentes, que incluyen no admitir que necesitan ayuda y no querer parecer débiles al pedir ayuda.

Pedir ayuda es difícil. Después de todo, vivimos en una

cultura en la que el mensaje tácito es que "deberíamos" poder manejar esos desafíos nosotros mismos. Esta noción es errónea.

Como psicólogo del desarrollo, puedo decirles que nuestro desarrollo individual necesita ser nutrido, y que un ambiente ideal es uno que nos respalda y nos desafía. Muy a menudo, vamos sin estas dos condiciones.

Si pudiera mover la varita mágica proverbial en nombre de cada uno de nosotros que nos haga lo mejor posible, lo haría para que pudiéramos pedir ayuda y podríamos hacerlo antes de que las cosas vayan terriblemente mal, o antes de que nos sintamos abrumados y excesivamente estresados por estar metidos en nuestras cabezas. Sin la perspectiva de otra persona, tendemos a dar vueltas y vueltas, repetir nuestros patrones predeterminados y llegar a ninguna parte (excepto tal vez a sentirnos peor por nuestra falta de progreso).

La ayuda está aquí, en esta joya de libro. En esta parábola breve, vertiginosa y llena de sabiduría, Emerald nos toma de la mano y nos muestra amorosamente cómo nuestro incumplimiento psicológico es operar inconscientemente desde un estado de miedo y asumir diferentes roles basados en el drama como resultado. Nos ayuda a ver cómo vivir con miedo no solo nos mantiene pequeños sino que también crea una dinámica en la que también mantenemos a los demás pequeños. En otras palabras, limitamos nuestro propio potencial al igual que a las personas que nos rodean. Perdemos una conexión con nuestra visión y propósito. Emerald nos ayuda a entender la variación de las respuestas de las personas que ha descrito aquí, y cómo cualquiera de nosotros puede pasar de creer y reforzar la creencia de que no tenemos ninguna representación en nuestras vidas a una creencia de que somos los únicos que están a cargo de nuestras vidas.

Como esto es contracultural, quiero repetir que el desarrollo de nuestra capacidad para asumir la responsabilidad de nuestras vidas es un logro que debe cultivarse. Si lo hiciéramos así, podríamos usar nuestra vida salvaje y preciosa para crear algo significativo. Estaríamos disponibles para ayudar a otras personas a hacer lo mismo. Y juntos, podemos participar intencionalmente en nuestras comunidades (en nuestro hogar, nuestro trabajo, nuestros vecindarios) para hacer algo más grande que cualquiera de nosotros individualmente. ¿Me atrevo a decir que podríamos juntos crear la paz?.

Si pudiéramos desarrollar nuestra capacidad para planificar y vivir nuestras vidas plenamente, nos sentiríamos menos como víctimas, incapaces de resolver los problemas que otras personas nos generan. Ya no nos sentiríamos tan cansados de pelear, nos sentiríamos mal por no luchar, o por creer que no somos lo suficientemente buenos. Tendríamos energía para crear más de la vida que queremos.

Así que lea este libro. Deje que Emerald lo tome de la

mano. Recuérdate a ti mismo que el ha caminado por este camino (como yo). E ir a buscar a la comunidad, incluso si es solo otra persona, para proporcionarle lo que quiere, necesita y merece.

Cuando termine, quiero decir: toda mi vida fui una novia casada con el asombro. Yo era el novio, que tenía el mundo en mis brazos.

— Mary Oliver

Lisa Lahey Ed. D., Cambridge, MA
Graduada en la Escuela de Educación de Harvard
Minds at Work

NUEVO PREFACIO
PARA LA DÉCIMA EDICIÓN ANIVERSARIO

"Este libro cambia vidas".

Ese mensaje se ha comunicado en innumerables ocasiones durante la última década a través de correos electrónicos, durante talleres, en eventos de oratoria, en reseñas de libros en línea y en contactos ocasionales cuando la gente se entera de que soy el autor de TED*.

Y en innumerables ocasiones han quedado casi sin palabras. Compartiré la razón por qué en un minuto.

Según todos los informes, TED* ha tenido un impacto en los matrimonios, mejores relaciones entre padres e hijos, asesoramiento prematrimonial informado y drama familiar multiétnico sanado. Se ha utilizado en planes de estudios de secundaria y preparatoria, en trabajo social universitario y clases de psicología, en grupos y programas de tratamiento de adicciones, en educación sobre diabetes y otras situaciones crónicas de desafío de salud, en programas comunitarios de alcance y capacitación sobre pobreza, y en jóvenes de la iglesia y grupos de estudio del libro. Ha sido beneficioso para la comunidad de inmigrantes ruandeses que huyeron a los Estados Unidos después del genocidio de 1994 en su país

y su trabajo de reconciliación entre Hutus y Tutsis. TED*
ha sido ampliamente implementado en academias de
liderazgo, por equipos de liderazgo en organizaciones,
y se ha convertido en la piedra angular de las culturas
corporativas.

Y estos son solo ejemplos que nos han llamado la
atención. Hay otros que no conocemos.

Aquí hay una ilustración. Un caballero que parecía
tener poco más de 40 años se detuvo junto a nuestra
mesa de libros en una conferencia reciente. "He estado
esperando reunirme y agradecerte por escribir este libro,
salvó mi matrimonio". Me contó la historia de estar
sentado en la habitación de un hotel en su ciudad natal,
alejado de su esposa, con un libro que un amigo le había
dado, recomendándole que lo leyera esa noche. Se acostó
en la cama, dijo, y no se levantó hasta que terminó de
leer *El Poder de TED**. Al día siguiente llamó a su esposa,
se disculpó por su participación en el drama de su
matrimonio y dijo que quería crear una nueva relación.

No sabía qué decir o hacer, así que hice y dije lo que he
hecho y dicho tantas veces: me puse de pie, le estreché la
mano, puse mi mano sobre mi corazón y le dije: "Gracias,
estoy muy agradecido de que TED* ha tocado tu vida.

"Más allá de eso, casi me quedo boquiabierto en esos
encuentros porque a menudo no me siento digno de
reconocimiento simplemente porque, como todos los
demás, también a diario busco vivir los principios y las

prácticas que figuran en esta historia de David, Ted y Sophia caminando y hablando a lo largo de la costa donde el oleaje se encuentra con la arena y donde la experiencia humana se encuentra con nuestra esencia espiritual.

Usted ve, las formas de pensar, relacionarse y tomar acción contenidas en este libro que cambiaron y continúan cambiando mi vida. Para mí, el viejo dicho es cierto: enseñamos lo que más necesitamos aprender.

La Historia Detrás de la Historia

Ha llegado el momento de compartir un poco de la génesis de lo que finalmente se convirtió en *El Poder de TED**.

En un momento crítico de mi vida, enfrenté todas las realidades con las que David se enfrenta en la historia. Mientras trabajaba con un psicoterapeuta (una opción saludable cuando enfrentaba tales desafíos en la vida), aprendí sobre el Triángulo Dramático de Karpman y sus roles de Víctima, Perseguidor y Salvador.

Luego, una fatídica mañana, mientras estaba sentado en mi ritual matutino de "tiempo de silencio" -una práctica de una combinación de lecturas inspiradoras, oración, silencio y contemplación- surgió un momento de rendición y silenciosamente le dije al Dios de mi comprensión, "Estoy dispuesto a renunciar a mi postura de Víctima en el mundo, pero necesito saber qué es lo opuesto a la Víctima". Inmediatamente, la palabra "Creador" vino a mi conocimiento. Si bien en realidad no "escuché" una voz, puedo entender cómo algunos podrían decir que sí. Mis ojos se abrieron y respiré profundamente. Fue una epifanía personal completamente inesperada.

Esa mañana comenzó el camino que eventualmente llevó a TED*.

Mirando hacia atrás, muchas reuniones y eventos aparentemente milagrosos tuvieron lugar, demasiados para detallar aquí. Puedo dar fe de la famosa observación hecha por W. H. Murray (The Scottish Himalayan Expedition [1951]:

> "En el momento en que uno definitivamente se compromete a sí mismo, entonces la Providencia también se mueve. Todo tipo de cosas ocurren para ayudar a uno que de otro modo nunca hubiera ocurrido. Todo un flujo de problemas de eventos a partir de la decisión que nadie podría haber soñado se hubiera cruzado en su camino".

Entre ellos, para mí, fue aprender sobre el trabajo de Robert Fritz poco después de mi epifanía matutina y dedicarme a sus "Tecnologías para la Creación"; y luego, no mucho después, conocí a Bob Anderson, mi querido amigo y colega, por más de un cuarto de siglo que, a través de nuestra pasión compartida por el desarrollo del liderazgo, me presentó las formas de pensar y los modelos de las Orientaciones contenidas en la historia; y hace más de doce años conocí a Donna Zajonc, mi esposa, socia comercial y la "Mamá" de TED* que primero me animó a tomar esa epifanía personal y comenzar a compartirla con otros.

Dadas mis más de tres décadas de comunicación comunitaria y organizacional, liderazgo y desarrollo organizacional, hubiera sido fácil escribir un libro de liderazgo de no ficción más tradicional. (Y para aquellos para quienes tal enfoque podría ser más atractivo, sugiero que comiencen con el Apéndice, que contiene un bosquejo narrativo de los conceptos contenidos en la historia.

Al contrario, el espíritu de TED* intervino. El llamado fue para escribir una fábula sobre el auto liderazgo. Porque esto es lo que aprendí, una lección que recuerdo casi a diario: la forma en que llevamos nuestras propias vidas tiene mucho que ver con la calidad del liderazgo que aportamos a nuestras relaciones más importantes, nuestras familias, nuestras organizaciones, nuestro comunidades, y ahora, más que nunca, nuestro mundo.

Mientras escribo, nuestra familia humana parece dirigirse hacia el último punto de elección: ¿continuaremos la espiral descendente del miedo, la reactividad y el drama, o detendremos, haremos una pausa y decidiremos mejorar nuestra forma de relacionarnos entre nosotros como Creadores capaces de honrar y respetar nuestra unidad esencial con toda su espléndida diversidad?.

Comienza con usted y conmigo y cómo llevamos nuestras propias vidas. Mi oración es que TED* toque y enriquezca tu propia vida para que, a su vez, puedas ayudar a los demás.

David Emerald

Capítulo 1

UNA REUNIÓN
FATÍDICA

Desde el banco donde estaba sentado mirando hacia la playa, parecía que podía ver el infinito. El océano se esparcía en una extensión azul, que ondulaba hacia el infinito. Sin embargo, realmente no podía disfrutarlo. Estaba internamente reprimido. El oleaje, a unos cien pies bajo el acantilado del banco en el que estaba sentado, normalmente habría sonado tranquilizador. Su tranquilidad se perdió en mí mientras luchaba con un insistente vacío interior.

Había sido un período particularmente doloroso. De hecho había perdido la esencia. Hace un par de años, mi esposa y yo habíamos comprado la casa suburbana perfecta, no faltaba nada sino las cercas blancas. Lo habíamos imaginado como el lugar para comenzar nuestra familia; durante tanto tiempo habíamos soñado con tener hijos. Luego, meses después de la muerte prematura de mi padre, con quien había estado muy cerca, recibimos noticias de nuestro médico de que era infértil. No solo había perdido a papá, sino que ahora sentía que era víctima de mi biología. En mi opinión, el vínculo entre las generaciones, primero entre mi padre y yo, y ahora entre yo y el niño del que había soñado ser padre, quedó irremediablemente destrozado.

Después de meses de angustia por las opciones, mi esposa se sumió en su dolor y se retiró de nuestro frágil matrimonio, sin estar dispuesta a considerar la adopción o alternativas médicas. Sintiéndome abandonado y solo, descendí a la desesperación a medida que nos separamos y, finalmente, nos divorciamos. Estaba desconsolado.

Donde sea que mirara, mi vida dolía. Mis ojos se llenaron de lágrimas y la belleza de la playa ante mí se oscureció aún más. Siempre había asumido que tendría una familia cuando fuera el momento adecuado, y que los votos matrimoniales de "en los buenos y malos tiempos" nos verían a través de pruebas y tribulaciones. No así. El tiempo, al parecer, nunca fue, y el voto resultó ser condicional. Viví una buena vida moral y ética. Las preguntas se arremolinaron y pasaron por mi mente: "¿Qué tipo de karma es esto? ¿Qué semillas he sembrado para cosechar esta pena injusta? ¿Por qué yo? "El vacío se sentía tan grande como el mar delante de mí.

Saqué mi pluma del broche de mi diario de cuero y lo abrí en una nueva página. Este depósito de mis pensamientos, preguntas y anhelos ha sido un compañero constante a lo largo de los años. El diario se había convertido en una forma de procesar mis experiencias, y estaba agradecido por las ideas que a menudo surgían.

Mientras escribía, las emociones me invadieron y mi mente racional encontró su voz apacible. En lugar de responder mis preguntas, simplemente susurró que esta era la ayuda que me había tocado. La vida me desafiaba a encontrar un camino a través de lo que parecía ser una vida de impotencia y victimización.

En esta lucha entre el corazón y la cabeza, interiormente clamé al Espíritu: "¡Estoy harto y cansado de sentirme tan pequeño!" Y en ese momento, elegí rendir mi posición como Víctima. Pero por mi vida, no sabía con qué sustituirlo. "¿Qué", escribí, "es lo opuesto a la Víctima?" si las olas tenían la respuesta, no entendía su idioma.

En ese momento, cerré el diario y devolví el bolígrafo al portabolígrafo que servía de broche. Cerré los ojos y respiré profundamente, saboreando el aire salado. Otra vez pregunté: "¿Qué es lo opuesto a la Víctima?" Esta vez la respuesta fue inmediata: "Creador", anunció la voz interior.

"Lo opuesto a Victima es Creador".

Sentí que un escalofrío recorría mi espina dorsal, y tomé una profunda y completa respiración de aire marino. De repente, surgió una sensación que no había tenido en mucho tiempo. Un nuevo sentido de esperanza comenzó a darse a conocer. Me senté por unos preciosos momentos tomando los sonidos del oleaje y la liberación que acompañó la revelación de esta nueva y diferente forma de ser en el mundo.

Me pregunté, "¿Qué significa saber que lo opuesto a Victima es Creador? ¿Qué debo hacer ahora?". Sabía que tenía que permanecer abierto y receptivo a cualquier orientación que pudiera surgir.

Un nuevo amigo

No sé cuántos minutos estuve allí sentado, envuelto por los sonidos y los olores del mar, antes de escuchar el débil sonido de unos pasos en el camino de arena que conducía al banco.

Cuando volví a abrir los ojos, vi que alguien se había reunido silenciosamente conmigo en mi banco junto al mar. Suspiró, "Qué espectáculo. Es difícil no inspirarse desde este mirador, ¿no crees?" Todo lo que pude hacer fue asentir. Logré sonreír un poco.

"Hola, soy Ted", dijo, extendiendo su mano. "¿Te importa si me siento aquí? No quiero entrometerme".

Estreché su mano firme, amistosa y extrañamente familiar. "David", simplemente dije.

Había llegado a ese acantilado con vistas al mar para contemplar, para intentar dar sentido a los giros inesperados que mi vida había tenido. Parecía que se me ofrecía una nueva opción, aunque no estaba nada claro sobre todo lo que significaba. Mis emociones se vieron atrapadas en una contracorriente entre el dolor y la esperanza. A pesar de la nueva dirección que me habían dado desde dentro, me sentía desorientado.

Y ahora aquí estaba este amigable extraño a mi lado. Tenía un bastón, más como una vara, que sostenía con las dos manos entre las rodillas. No podía decir si estaba hecho de la rama de un árbol o si había sido un pedazo largo de madera flotante que podría haber desaparecido en la playa. En cualquier caso, estaba desgastado, excepto por unos pocos nudos que parecían ojos oscuros a lo largo de la vara.

Nos sentamos allí en silencio durante mucho tiempo. Todavía no lo sabía, pero acababa de conocer a un maestro que me ayudaría a responder algunas de las preguntas más importantes de mi vida. Fue el comienzo de conocer a Ted.

"Entonces, ¿qué te trae
aquí a este banco y este magnífico
momento?", preguntó.

Una buena pregunta, pensé. ¿Pero quién era este
tipo? ¿Por qué debería decirle a un extraño lo que me
estaba pasando? Había una expectativa silenciosa en su
presencia, como si supiera que tenía algo que compartir.
Sin embargo, hubo un tiempo que no me presionó para
hablar de inmediato. Sentí que podía esperar cinco
segundos, cinco minutos o cinco horas. El tiempo no era
esencial, lo que estaba en mi mente y mi corazón estaba.
Sentí un consuelo. Parecía muy amable y su pregunta era
ciertamente una invitación abierta.

Me aventuré a decir: "Ah, he venido aquí para pensar".
Sabes, solo para sentarte y reflexionar".

"Eso es bueno hacer de vez en cuando. Es
muy fácil pasar por la vida sin reflexionar.
Las lecciones de la vida pueden perderse
si nunca hacemos una pausa.

Qué hermoso lugar para hacer
un balance".

"Sí, lo es", repliqué, "aunque tengo que admitir que a veces pierdo de vista toda esta belleza cuando me veo envuelto en mi propio drama".

"Oh sí, drama", comentó Ted. "Esa parece ser una gran parte de la experiencia humana. Mire a todas estas personas caminando en la playa. Cada uno de ellos probablemente tenga algún tipo de drama en sus vidas. Todos tienen sus historias. ¿Cuál, si se puede saber, es la suya? No quiero entrometerme. Tengo curiosidad."

Entonces todo salió. Le conté sobre todo: mi reciente divorcio, la muerte de mi padre. Incluso le conté sobre mi infertilidad. Él asintió, animándome. No detecté ni una pizca de juicio viniendo de Ted, o lástima, para el caso. Miró hacia el océano, se volteó de vez en cuando y asintió con la cabeza. Envalentonado por su tranquila aceptación, compartí la profundidad de mi lucha interna, cómo me había sentido como una víctima. Todo el desastre simplemente fluyó, mientras Ted escuchaba. Por alguna razón, sin embargo, todavía no estaba listo para divulgar la revelación de que el Creador era mi nueva alternativa, la postura que debo tomar para reemplazar la vieja sensación de ser una víctima de mi propia vida.

En cambio, dije: "He venido a ver cuánto de mi vida he vivido desde la perspectiva de ser una víctima. Estoy listo para algo más".

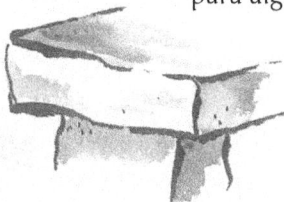

LISTO PARA BFOS
BFO (Destello Cegador de lo Obvio)

"No estás solo, sabes", dijo Ted. "La victimización es el malestar de la humanidad. Está en todas partes, en todos los idiomas. La mayoría de los informes de noticias son historias de Víctimas y Perseguidores y, a veces, Rescatadores. La gente busca a alguien a quien culpar. Algunas veces demandan compensación por su victimización; a veces responden. Los terroristas atacan y dejan a las víctimas a su paso, describiéndose a sí mismas como víctimas de la opresión. En las carreteras, algunos conductores se sienten tan víctimas del caos del tráfico que se llenan de rabia y atacan. La gente habla de ser víctimas de abuso y negligencia, víctimas de padres alcohólicos o drogadictos, incluso víctimas de orden de nacimiento entre hermanos. En el trabajo, las personas hablan de su victimización a manos de un jefe insensible, un compañero de trabajo traicionero o la empresa para la que trabajan. Algunas personas se sienten constantemente victimizadas por ese esquivo duende al que llaman 'el sistema'.

Mientras trataba de comprender sus palabras pensaba acerca de la frecuencia con la que expresaba mi propia sensación de victimismo, sobrevaloré: "Es increíble, ¿no?, con qué frecuencia usamos las palabras culpables de la victimización: el tráfico me retrasó. Me levanté del lado equivocado de la cama. Terminé en el pasillo equivocado en la tienda de comestibles. Los ejemplos son infinitos. Debe haber una mejor manera."

Ted se volvió y puso su mano sobre mi hombro. "Es cierto, la hay."

"Le pregunté," ¿Pero quién eres tú, en todo caso? ¿Qué te trae a este lugar con vistas a la playa?

Ted envolvió sus manos alrededor de su bastón y miró la escena frente a nosotros. "Vengo mucho aquí, para adentrarme en el océano y hacer el tipo de contemplación que surge de forma natural en este hermoso lugar. Hoy te vi aquí, así que vine a sentarme y compartir algunos pensamientos".

"¿Pensamientos sobre qué?"

"Sobre el mismo tema que has presentado, sobre ser una Víctima y el deseo de ser de una forma diferente en el mundo. He aprendido algunas cosas que creo que pueden ser útiles, cosas que pueden sorprenderte".

"Bueno, si sabes algo que yo no sé, me refiero a no ser una Víctima, bueno, entonces soy todo oídos", le dije.

"Bien", dijo Ted. "Sin embargo, debes saber que lo que tengo que decir podría hacerte sentir un poco incómodo. Eso es porque lo que digo probablemente desafíe las formas en que te involucras con casi todas las áreas de tu vida. Tus relaciones. Tu trabajo. La forma en que lidias con las decepciones. Todo. ¿Estás preparado para eso?"

Miré hacia las olas que subían y rodaban hacia la orilla. ¿Por qué este extraño animado apareció de repente a mi lado? El encuentro tuvo una cualidad onírica. No estaba seguro de qué decir. Pude haberme levantado y haberme ido, pero no quería. De alguna manera me sentí completamente a gusto con Ted. Y estaba intrigado.

Ted continuó, "Si esto te parece interesante y quieres escuchar más, entonces es justo que te lo advierta: prepárate para que te visiten BFOs".

Me reí entre dientes y volteé hacia él. "¿Voy a ser visitado por UFOs?"

"No. . . BFOs Un BFO es un Destello Cegador de lo Obvio (Blinding Flash of the Obvious). Es algo que ya sabes pero que está justo más allá del límite de tu conciencia. Cuando lleguen, dales la bienvenida. Un BFO es un signo muy positivo. Significa que estás despertando a nuevas formas de pensar y ser".

"Oh Dios. Por un minuto pensé que ibas a decirme que eras del espacio exterior", me reí.

"¡En todo caso, soy del espacio interior!"

"¿Quién eres tú, entonces?", le dije.

"Solo un amigo, trayendo un enfoque alegre sobre un tema muy serio: cómo te relacionas con tus experiencias de vida. Podrías decir que soy un tipo contracultural. Vivo en el mundo a mi manera. Muchas personas conocen su experiencia de vida a partir de la Orientación a la Víctima, tal como lo ha comenzado a notar por tí mismo. Tengo una orientación diferente. Es una forma simple de ser, aunque no siempre es fácil.

"¡Creo que también soy un revolucionario, o más bien, un evolucionista! Como facilitador evolutivo, me gustaría ofrecerte otra forma de vida, si la eliges. Al final del día, lo que hagas será siempre tu elección. Nadie puede quitarte eso. De hecho, es por eso que estás aquí: para tomar las decisiones que crean tu vida.

"Era mucho para asimilar. Busqué en su rostro. Él no parecía un fanático. De hecho, la dulzura en sus ojos me hizo sentir relajado a pesar de toda mi agitación reciente. Agregó: "No me importaría si prefieres no hacer esto ahora, lo sabes". Depende enteramente de ti. Al final, se trata de elección.

"*Mi elección.* Me quedé un momento más en silencio mientras Ted esperaba pacientemente. ¿Debo irme, o quedarme y ver dónde podría ir esta extraña conversación? Decidí que no tenía nada que perder. Y de todos modos, escuchar a Ted ya era mucho más interesante que revolcarse en las preocupaciones que me habían traído aquí en principio.

"¿Te gustaría caminar conmigo un rato, en la playa?", preguntó Ted.

"Bien, seguro."

Ted y yo nos levantamos juntos y comenzamos a caminar por el sendero serpenteante hacia la orilla. Poco sabía que estaba emprendiendo el camino hacia una nueva forma de ver.

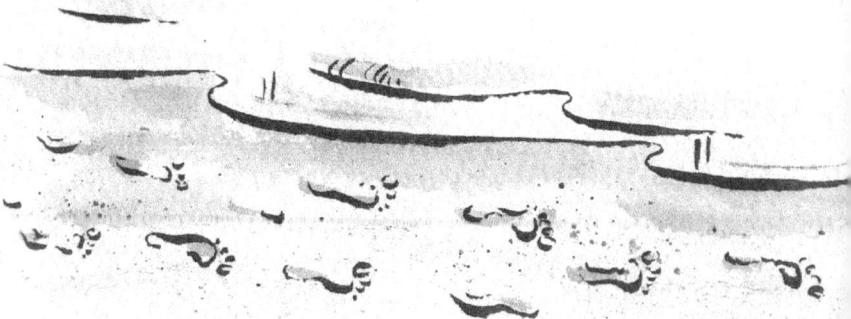

Capítulo 2

EL TEMIDO TRIÁNGULO DRAMÁTICO*

*DDT (Dreaded Drama Triangle)

Caminamos por la ladera del acantilado por un sendero que serpenteaba hacia la costa arenosa.

"Entonces, David, cuéntame más sobre tus pensamientos sobre la victimización", Ted sugirió.

"Bueno", dije, "parece que el victimismo es omnipresente". Lo he estado pensando desde que supe del Triángulo Dramático. ¿Has oído hablar de él?"

"Cuéntame más".

"Viene del trabajo de Stephen Karpman, un psicoterapeuta que describió el triángulo a fines de la década de 1960. Implica tres roles, los cuales juego muy bien".

"Sí", dijo Ted, "ha sido correcto todo este tiempo. Ese modelo ha ayudado a innumerables personas a dar sentido de sus situaciones. ¿Qué te llama la atención?"

Le dije a Ted lo que había aprendido sobre el Triángulo Dramático. "El rol central es la **Víctima**, cuando siento que otras personas o situaciones están actuando sobre mí, y no puedo hacer nada al respecto. A veces se siente como si te atacaran, y algunas veces es solo una dificultad. Podría sentirme maltratado o despreciado, y tal vez fuera de control.

"El segundo rol es **Perseguidor** o perpetrador en situaciones de abuso. El Perseguidor es la causa percibida de los problemas de la Víctima.

"El tercer rol es **Rescatador**, el que interviene en nombre de la víctima, para liberar a la víctima de los daños del Perseguidor".

En ese momento, Ted y yo doblamos una curva en un laberinto irregular de piedra arenisca que bloqueaba el camino a la playa. Cuando salí de las rocas y en el sendero de arena, mi pie se dobló. ¡Whomp! Caí directamente sobre mi trasero. Nos reímos (solo mi orgullo fue herido), y Ted me ofreció su mano. "Aquí déjame ayudarte", dijo, halándome en posición vertical. Sacudí la arena de mis pantalones, y continuamos cautelosamente por el camino.

"Ese fue un ejemplo interesante de lo que acabas de describir".

"¿Cómo es eso?" Pregunté.

"¿Te sentiste como una Víctima cuando caíste allí?", Preguntó Ted.

"Supongo que sí, en cierto modo".

"Entonces, si fueras la Víctima, ¿quién fue el Perseguidor?"

"Estabas frente a mí, así que sé que no me empujaste", me reí entre dientes. "Así que no estoy seguro de que *haya* un Perseguidor".

"Cada Víctima requiere un Perseguidor", explicó Ted. "Pero el Perseguidor no siempre es necesariamente una persona. El Perseguidor también podría ser una condición o una circunstancia. Una condición de persecución podría ser una enfermedad, como cáncer o un ataque cardíaco o una lesión. Una circunstancia persecutoria podría ser un desastre natural, como un huracán o un terremoto o una casa incendiada. Entonces, ¿qué fue el Perseguidor en tu situación en este momento? "

Lo pensé por un momento. "La arena suelta, tal vez, o mis zapatos", observé.

"Bien", dijo Ted. "Cualquiera de los dos podría ser identificado como Perseguidor. Y yo era el Rescatador cuando extendí la mano para ayudarte a levantarte. Es un ejemplo simple y no hubo ningún daño real en esta situación, pero acabas de ver en acción las tres partes del Triángulo Dramático.

"Otras personas encuentran versiones mucho más intensas del Triángulo Dramático todos los días",continuó.

"Ya sea que sea sutil o intenso, el esfuerzo por observar y comprender este patrón es el primer paso para romper el ciclo de la Victimización.

"Hicimos una pausa para estudiar la longitud de la orilla. Las gaviotas gritaban mientras se deslizaban a lo largo de la línea del oleaje. Las olas rugieron, cuando una fina bruma nos envolvió. Respiré profundamente.

"Caminemos un poco más cerca del agua. Quiero mostrarte algo." Ted se movió con facilidad. Su forma de andar era relajada mientras emparejaba su ritmo con el mío. Mientras caminábamos, él echó un vistazo a las conchas y pedazos de madera que marcaban la arena. Ted se inclinó, recogió una concha de mar y comenzó a trazar un gran triángulo sobre la arena húmeda y compacta.

VICTIMIZACIÓN, LA MUERTE DE UN SUEÑO

"Aquí está el triángulo dramático del que hablabas", dijo Ted. "Es genial que conozcas estos tres roles. Veamos la dinámica que tiene lugar entre ellos".

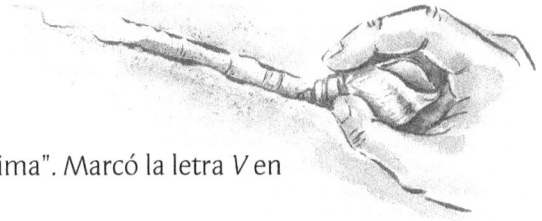

"Aquí está la Víctima". Marcó la letra *V* en la arena.

"Las víctimas pueden ser defensivas, sumisas, demasiado complacientes con los demás, pasivo-agresivas en conflicto, depende de otros para tener autoestima, demasiado sensibles, incluso manipuladoras. A menudo están enojadas, resentidas y envidiosas, sintiéndose indignas o avergonzadas por sus circunstancias. ¿Alguna vez te has sentido o has actuado de esta manera?

"Recordé los meses antes de que mi esposa y yo nos separáramos, cómo había alternado entre caminar sobre cáscaras de huevo y culparla, a menudo en voz alta, por la distancia que crecía entre nosotros. Detestaba mi patrón temeroso en las relaciones amorosas: un acuerdo tácito para ser quien mi pareja quisiera, evitando resentidamente su abandono.

"Estos roles describen actitudes que generalmente asocio con otras personas", dije, "pero veo cómo he actuado de la misma manera".

Ted asintió. "Hay otra característica en el corazón de la Victimización. En el núcleo de cualquier Víctima, encontrarás la muerte psíquica de un sueño. Todas las víctimas han experimentado una pérdida, un deseo o una aspiración frustrados, incluso si no están conscientes de ello. Puede ser una pérdida de libertad o salud o una sensación de seguridad. La pérdida podría incluso ser de identidad o de una "realidad", como cuando la creencia (mi cónyuge es fiel) se rompe (mi cónyuge ha tenido una aventura amorosa).

"Eso fue ciertamente cierto para mí. Mi sueño de una familia había muerto cuando supe de mi infertilidad. Mi creencia en una esposa que permaneciera a mi lado sin importar se marchitó con mi divorcio. Y mi identidad como hijo parecía haber muerto junto con papá.

Ted continuó: "La víctima se siente fuera de control, creyendo que la vida no puede cambiar para mejor. Tomando esa posición, uno se siente impotente, indefenso, sin esperanza, y a merced de fuerzas invisibles. La víctima reacciona con depresión o vergüenza. Sientes lástima por ti mismo".

"No puedo decirte cuántas veces he pensado en privado, '¡Pobre de mí!'"

Ted sonrió con calma y miró hacia las olas. "'Pobre de mí' es la identidad de la Víctima. Esa forma de verte a ti mismo y a tu experiencia de vida determina cómo te relacionas con el mundo que te rodea. Tu orientación define tu realidad. En realidad, hay mucho ego involucrado en mantener la Victimización".

"Espera un momento", le dije, "¿estás diciendo que ser

una víctima es solo cuestión de verme a mí mismo de esa manera? ¿Qué hay de un niño maltratado o alguien esclavizado en contra de su voluntad? ¿Estás sugiriendo que crearon su propia victimización?

"No, en absoluto", respondió Ted. "La experiencia de ser víctima de la violencia es muy real. No se puede negar que las personas se tratan mal entre sí en todo el mundo, todos los días. Estoy diciendo que uno tiene una opción, por difícil o dolorosa que sea, sobre cómo relacionarse con esas experiencias. Si te identificas como una Víctima, tus elecciones son limitadas. Hay otra forma de ver las cosas que te permite cumplir incluso las circunstancias más difíciles. Pero me estoy adelantando a mí mismo. Antes de que veas las cosas de otra manera, debes entender cómo funciona la Victimización.

"Hace un tiempo conocí a una mujer joven que me contó su historia.

"Su nombre era Sophia, y su matrimonio fue un desastre. Su esposo, Dan, le había confesado tener una aventura. Sophia había intentado todo para evitar esta espiral descendente, incluso cancelando su clase de baile, pensando que Dan podría estar más feliz si pasara más tiempo en casa. Las cosas mejoraron durante un tiempo, pero pronto Dan comenzó a trabajar hasta tarde varias veces a la semana.

"Una noche Sophia explotó. '¡Renuncié a mi clase para estar contigo, y casi nunca estás en casa!'

"Dan argumentó, 'Incluso cuando estoy en casa, estás haciendo un trabajo que traes a casa, ¡o tu nariz está enterrada en un libro! ¡No puedo llamar tu atención!

"Los dos decidieron apartar los jueves en la noche para cenar juntos. Después de varios meses de noches especiales, Dan y Sophia encontraron cada vez menos de qué hablar. Entonces, una noche, allí mismo en el restaurante, Dan admitió su infidelidad.

"Atrapada en público, Sophia sintió que no podía reaccionar. Cuando la conocí, estaba tratando de descubrir cómo recuperar el corazón de Dan de un enemigo sin rostro. Temía perderlo y enfrentar la vida sola.

"Ted continuó:" Los sentimientos que tienen las víctimas, al igual que Sophia, están basados en el miedo y producen diversas ansiedades. Estos sentimientos, que a menudo oscilan entre la pasividad y la agresión, impulsan los comportamientos. Cuando los seres humanos tienen miedo, están programados para reaccionar. Este programa, luchar, huir o congelarse, no es nada malo. Ayuda a la especie a sobrevivir".

"Puedo recordar momentos en los que he reaccionado de las tres maneras", le ofrecí. "Hacia el final de mi matrimonio me puse a la defensiva. Me sentí tan culpable y avergonzado por mi infertilidad, y luché contra esos sentimientos arremetiendo con comentarios mordaces. O simplemente me retiré, una forma de huir, supongo. Sin embargo, no estoy seguro de lo que quiere decir con la congelación".

"Imagina que estás tratando de encender un carro que está enterrado bajo un montón de nieve, Ted explicó. "No se mueve. Te congelas si te detienes y no funcionas, ya sea hacia o desde la fuente de su miedo. Se está dando por vencido y cediendo a la desesperanza. Congelado de miedo, evitas la responsabilidad porque piensas que tu experiencia está fuera de tu control. Esta postura te impide tomar decisiones, resolver problemas o buscar lo que quieres en la vida.

"En la posición de Víctima te vuelves hipervigilante (o estás excesivamente alerta), siempre anticipándote al próximo ataque. Todo lo que ves en la vida son problemas. Y estos problemas, ya sean personas o circunstancias, se convierten en tus perseguidores, los perpetradores de tu miseria. El rol de la Víctima no se mantiene en el vacío. Alguna persona o cosa debe usar la etiqueta de Perseguidor".

Ted caminó alrededor del triángulo en la arena. Me quedé con las manos en los bolsillos y miré hacia el mar. Parecía que había tantas caras de la Víctima en

21

este mundo como olas en el océano. Ted se arrodilló y escribió la letra *P* para *Perseguidor* en la siguiente esquina del triángulo.

El Perseguidor

Ted continuó, "Como dijiste, el Perseguidor es la causa percibida de los problemas de la Víctima. Los Perseguidores y las Víctimas son simbióticas; uno no puede existir sin el otro. Según el diccionario, perseguir significa 'hostigar de una manera diseñada para herir, acongojar o afligir; o molestar con enfoques persistentes o urgentes (como ataques, súplicas o importunidades)'.

"A menudo, el Perseguidor es una persona, pero no siempre. Como dije cuando te deslizaste en el camino, la persecución puede ser una condición, como un desafío para la salud, o una circunstancia, como perder su hogar en un incendio. Pero ya sea persona, condición o circunstancia, el Perseguidor tiene la culpa de causar los sentimientos de dolor, desesperación y desesperanza de la Víctima".

"Mmm, puedo ver los tres tipos de Perseguidores en mi vida. Mi esposa parecía mi Perseguidor cuando se distanció. Mi infertilidad era una condición de persecución, y la muerte de papá era una circunstancia persecutoria. No me extraña que me sienta como una Víctima".

Ted respondió: "La identidad de Pobre de Mí se ve reforzada por el Perseguidor, quien menosprecia a la Víctima con una actitud de '¡Pobre Fulano!'

"Cuando el Perseguidor es una condición o una circunstancia, por supuesto, no hay personalización. Eso no significa que no te lo tomes personalmente, lo haces. ¡Pero las condiciones y las circunstancias no tienen personalidades, incluso si los huracanes tienen nombres!"

Ted se rió de sí mismo, luego carraspeó y continuó. "Cuando el Perseguidor es una persona real, el que adopta ese papel trata de dominar a los demás a través de la culpa, la crítica y/o la opresión. Estas personas a menudo son autoritarias y rígidas en sus puntos de vista, ejerciendo poder sobre los demás en un esfuerzo por evitar que otros tengan poder sobre ellos. Los Perseguidores pueden actuar de forma grandiosa y justa para ocultar su propia inseguridad.

Pueden ser manipuladores y defensivos, a menudo lanzando ataques preventivos. Para los Perseguidores, todas las situaciones son ganar/perder. Su lema es '¡Gane a cualquier precio!' "

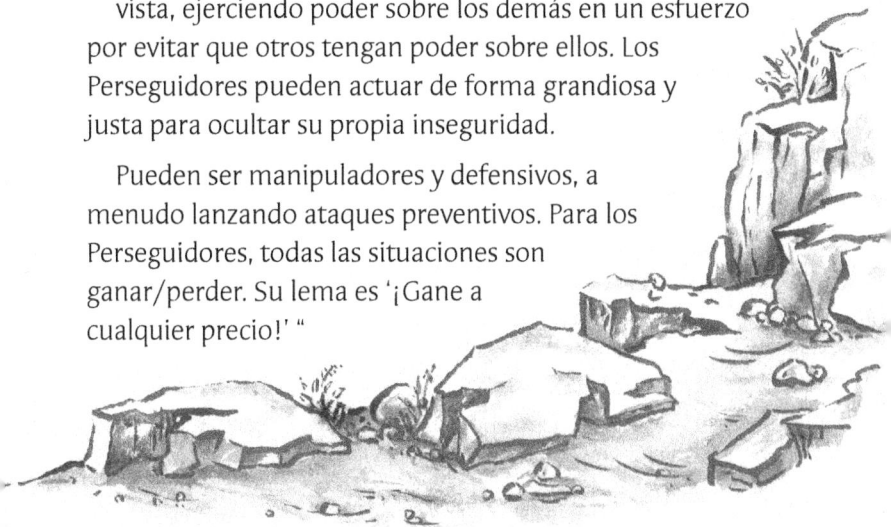

"Los Perseguidores suenan realmente como personas de alta resistencia. Son personajes intrépidos, ¿verdad?", Dije.

"Pueden ser pesados en la persecución, pero a veces también son sutiles. No quiero ofenderte, David, pero si crees que nunca has sido un Perseguidor, piénsalo de nuevo. ¿Recuerdas lo que dijiste sobre vacilar entre ser pasivo y enojado, culpando a tu ex esposa? "

"Claro, lo recuerdo". Me sentí incómodo cuando sentí hacia dónde iría Ted.

"¿Cómo crees que te vio cuando la atacaste?", Preguntó.

"Bueno, ¿probablemente como, um, un Perseguidor?"

"Exactamente. Las víctimas a menudo reaccionan a las situaciones de maneras que los hacen Perseguidores a los ojos de los demás. Eso es importante en el Triángulo Dramático. Los Perseguidores, como las Víctimas, actúan por miedo. Pueden parecer intrépidos, pero en realidad los Perseguidores son casi siempre antiguas Víctimas. Se movilizan por el miedo a convertirse en una Víctima, alimentando resentimientos de cólera cuando se sienten Víctimas. Los Perseguidores declaran internamente: "¡Nunca volveré a ser una Víctima!". En definitiva, lo que más temen es perder el control".

Me reí. "Me recuerda a Scarlett O'Hara en la película *Gone with the Wind (Lo que el Viento se Llevó)*. Ella proclama: "¡Nunca volveré a tener hambre!" Después de haber perdido su posición social y todas sus posesiones. Se siente como una Víctima, pero termina siendo la Perseguidora de Rhett Butler.

"Ted sonrió. "Parece un buen ejemplo, aunque debo admitir que, aparte de las películas, hay suficiente drama para mí en la vida cotidiana de las personas que conozco. Un par de semanas después de que conocí a Sophia, ella trajo a su compañero, Dan, para conocernos".

Dan se sintió mal porque su aventura había causado tanto dolor a Sophia. Pero, agregó, no era como si lo hubiera planeado. Sintió que en muchos sentidos Sophia era responsable. Dan quería estar con alguien que quisiera hablar y reír con él al final de un día difícil. Se sorprendió gratamente cuando Sophia abandonó su clase de baile para pasar tiempo con él, hasta que comenzó a llevarle trabajo a casa y leer novelas. Después de varios meses, Dan decidió que no iba a permitir que Sophia se alejara de él para evitar que pasase un buen rato. Al principio se quedó más tiempo en el trabajo, pero eso apenas se sentía como diversión. Empezó a salir con sus amigos solteros que les gustaba jugar billar y dardos en el pub local. Al menos ahora Dan se estaba riendo un poco. ¿Cómo podía saber que a Jessica, la hermana de un amigo, le gustaría tanto? Descubrió que sus largas conversaciones, que se habían convertido en largas caminatas íntimas, eran emocionantes e interesantes. Dan decidió que necesitaba contarle a Sophia lo que estaba sucediendo, incluso si eso significaba un futuro incierto. Pero Dan sabía que no podía conformarse con un matrimonio sin intimidad y diversión. Dan dijo: "Si Sophia hubiera estado más atenta, probablemente no habríamos terminado en este lío".

"Entonces", observó Ted, "tanto Dan como Sophia se sentían como Víctimas, mientras que al mismo tiempo cada uno parecía un Perseguidor del otro. La danza de Víctima y Perseguidor podría describir toda la dinámica del drama, pero nunca es un dúo. Es un trío, un triángulo de desempoderamiento".

Capítulo 3

UN DIBUJO EN LA ARENA

Cuando Ted pasó al tercer punto del triángulo, me extravié en mis propias reflexiones. Cuantas veces había caído en el papel de Perseguidor. Hubo momentos en que insistí en que alguien más estaba equivocado; solo sabía que *tenía* que estar en lo cierto. A menudo había culpado a los demás por la forma en que me sentía o por cómo resultaron las cosas. No me gustaba verme a mí mismo como un sombrío Perseguidor. Me sentía mejor siempre viéndome como la Víctima inocente.

Ted extendió la mano hacia la esquina superior izquierda del triángulo y escribió una *R*.

EL RESCATADOR

"Este tercer rol, el que entra en la danza entre el Perseguidor y la Víctima, es el **Rescatador**. El diccionario define el verbo *rescatar* de esta manera: liberarse de confinamiento, peligro o maldad; guardar o entregar. El Rescatador también puede tratar de aliviar o disminuir el miedo de la Víctima y otros sentimientos negativos.

"Aquí, también, un Rescatador no siempre es una persona. Las adicciones al alcohol o las drogas, la adicción sexual, la adicción al trabajo, todas las formas en que nos insensibilizamos, pueden rescatar a la Víctima de sentir sus sentimientos".

"Sé lo mucho que quiero escapar de esos sentimientos cuando estoy desesperado", admití. "Tener demasiadas botellas de cerveza, jugar solo un juego más en la computadora o poner el canal de deportes podrían ser Rescatadores que he utilizado para sentirme mejor.

"Pero parece que estás haciendo que el Rescatador sea un tipo malo", agregué. "¿No se supone que el Rescatador es un héroe, o al menos un ayudante de la Víctima?"

"A simple vista puede parecer de esa manera", respondió Ted. "Una persona que asume el papel de Rescatador generalmente lo hace con la intención sincera de ayudar. Pero piénsalo: lo que el Rescatador está haciendo - a menudo inconscientemente- refuerza la perspectiva Pobre de Mí de la Víctima, al decir o pensar: "Pobre de ti." El mismo mensaje, diferente punto de vista".

Ted señaló los papeles con su bastón mientras hablaba. "Así que ya ves, en lugar de ayudar o apoyar la Víctima, el Rescatador solo aumenta la sensación de impotencia de la Víctima. Inconscientemente, el Rescatador permite que la Víctima permanezca pequeña, aunque esto sea lo más alejado de su intención declarada. La víctima termina sintiéndose avergonzada y culpable por necesitar ser rescatada y se vuelve dependiente del Rescatador por una sensación de seguridad.

"Los rescatadores parecen buenos, pero sus acciones útiles a menudo ocultan un temor subyacente. Los rescatadores tampoco están mal. Pero es el miedo lo que los motiva a volar al rescate.

"Los Perseguidores temen perder el control,

Los Rescatadores temen perder el propósito. Los Rescatadores necesitan Víctimas, alguien que proteger o apoyar, para reforzar su autoestima. Rescatar les da un falso sentido de superioridad que cubre su miedo a ser insuficientes. Los Rescatadores se sienten bien consigo mismos, siempre y cuando no admitan que las Víctimas podrían satisfacer sus propias necesidades sin ellos. Con las víctimas a rescatar, los Rescatadores se sienten justificados; evitan el abandono al estar ahí para otros. Fomentan la dependencia haciéndose indispensables para la sensación de bienestar de una Víctima".

"¡Pero Ted, ahora estás haciendo que el Rescatador suene como un Perseguidor!", Me opongo.

"Estás en lo cierto", dijo. "No es raro que una Víctima cambie de ver al Rescatador como una especie de Rescatador a verlo como un Perseguidor que le recuerda a la Víctima de su dependencia. En realidad, el Rescatador evita convertirse por sí mismo en una Víctima, que es el mismo motivo que impulsa el comportamiento del Perseguidor. El Rescatador, sin embargo, evita el abandono y la pérdida de propósito. El Rescatador a menudo se prepara para la desilusión y el rechazo cuando una Víctima no hace lo que le aconseja o no aprecia su ayuda. Entonces el Rescatador se siente como un mártir: un nombre más para una Víctima".

Ted se irguió y nuevamente hizo un gesto con su bastón hacia el Triángulo Dramático que había dibujado en la arena.

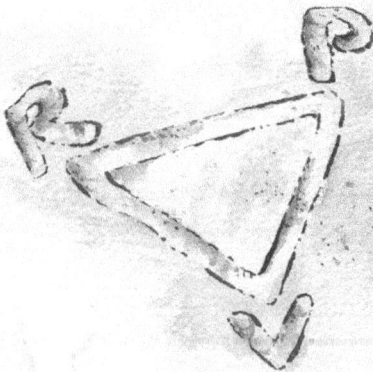

Ted explicó: "El Triángulo Dramático, compuesto por estos tres roles, aparece en muchas culturas. Se mantiene a través de historias, películas y cuentos populares. Muchos de los cuentos de hadas clásicos representan perfectamente el Triángulo Dramático. Considera el antiguo ejemplo de la damisela en apuros (Víctima) que espera ansiosamente su rescate del villano (Perseguidor) por el apuesto príncipe (Rescatador), que se supone debe protegerla y hacerla feliz durante toda la vida para siempre.

"Puede parecer que el cuento alcanza un final feliz, pero en realidad el patrón del Triángulo Dramático se repite en última instancia. Finalmente, el príncipe / esposo se vuelve dominante, y la damisela / esposa se vuelve dependiente o se enfría a los avances de su Rescatador. El resto de la historia, lo que sucede después de que la ilusión de alegría se desvanece, es donde el Triángulo Dramático muestra sus verdaderos colores. Esta temida dinámica es demasiado común en las relaciones humanas".

CAMBIO DE ROLES

"El Triángulo Dramático es una enredada trama", continuó Ted. "Una persona puede jugar cualquiera de estos roles, o puede vacilar entre ellos. Los roles pueden ser obvios y explícitos, o sutiles y seductores. El Perseguidor puede ser un bebé que llora o un niño de dos años que hace una rabieta en el supermercado. El Rescatador podría ser un vaso de vino extra, o un amigo que diga: "Eso es horrible", mientras te quejas de lo que te han hecho.

"Los tres roles están entrelazados. Entonces, cuando una persona cambia de posición, las otras personas involucradas deben cambiar sus roles también.

"Vi cómo mi ex esposa y yo nos habíamos turnado como Víctima y Perseguidor. Pensé en amigos bien intencionados que nos apoyaban cuando nos quejábamos por las fallas del otro. Pensé en un querido amigo mío también, y compartí su historia con Ted.

Mi amigo se había casado con una hermosa mujer con dos hijos. Cuando se conocieron, ella luchaba por llegar a fin de mes, y el padre de los niños estaba prácticamente ausente de sus vidas. Mi amigo estaba entusiasmado con su familia instantánea y acogió con entusiasmo su nuevo papel de proveedor principal y padrastro. Inconscientemente se había convertido en un Rescatador.

Mientras mi amigo trabajaba para salvar a su damisela de su angustia, pasaron varios años, y los niños entraron en ese camino a menudo turbulento de la adolescencia. Él y su esposa discutieron sobre lo que era razonable esperar de sus adolescentes

La esposa de mi amigo sintió que él era crítico y juzgaba su crianza. Pero desde su perspectiva, mi amigo solo estaba ofreciendo alternativas útiles. Él había mantenido su papel de Rescatador. De lo que no se dio cuenta fue de que su esposa había dejado de pensar en él como su Rescatador y ahora lo había elegido para el papel de Perseguidor. La esposa de mi amigo buscó consuelo con amigos y compañeros de trabajo que apoyaron su posición de Víctima (nuevos Rescatadores). Ella arremetió contra él en reacción a sus sentimientos de victimización. Cuando esto sucedió, se sintió como una Víctima de su contraataque de Perseguidor. Los dos vieron una serie de consejeros de parejas buscando rescate, pero su matrimonio finalmente terminó en divorcio.

Añadí, "él estuvo deprimido y se retiró durante meses después de eso".

"Es cierto", dijo Ted, "estos dramas a menudo conducen a la desesperación. Puede haber momentos de relativa estabilidad, por supuesto, cuando parece que las cosas están bajo control. Pero vivir en este drama significa estar alerta ante cualquier cosa o cualquier persona que pueda amenazar esa estabilidad frágil. Todos están a la defensiva. La Víctima se defiende contra el Perseguidor. El Rescatador defiende a la Víctima de un Perseguidor. El Perseguidor se defiende contra el Rescatador. ¡Agotador!

"Cuando ocupas cualquiera de estos tres roles, estás reaccionando ante el miedo a la Victimización, la pérdida de control o la pérdida de tu propósito. Siempre estás mirando hacia fuera, hacia las personas y las circunstancias de la vida, hacia una sensación de seguridad y cordura.

"Cuando consideras tu pasado, que parece estar lleno de Víctimas, Perseguidores y Rescatadores, asumes que el futuro será el mismo. Como anteriormente has sido una Víctima, proyectas eso en el futuro, trabajando para prevenir o posponer lo que crees que es tu inevitable Victimización. Vivir de esta manera es como conducir mientras mira solo en el espejo retrovisor. Asumes que el camino por recorrer será como el camino que vas dejando atrás.

"Cuando aceptas esto como la forma en qué están las cosas, aumenta la probabilidad de que se repita dramáticamente el Temido Triángulo Dramático. Estas creencias a menudo se forman muy temprano en la vida. Han estado contigo por tanto tiempo que no estás al tanto de ellas ni de su poder".

Miré hacia el océano y tomé las palabras de Ted. Se sintieron como un maremoto que me envolvió, cuando vi cuánto de mi vida reflejaba la turbulencia de la Dinámica Dramática.

Ted continuó, "En última instancia, la Dinámica Dramática resulta en la destrucción espiritual. Cuando te resignas a la inevitabilidad del patrón, tu espíritu sufre y gradualmente se marchita. Quizás es por eso que muchas personas sufren de depresión. En la Dinámica Dramática uno asimiló sonambulismo a través de sus días, creyendo que esta pesadilla es tal como son las cosas.

"Es una mutación tóxica de la relación humana, y me duele ver que se reproduce con tanta frecuencia. Lo llamo el Temido Triángulo Dramático - el DDT. ¿Qué sabes acerca de DDT? "

"¿No es ese el químico venenoso que utilizaron durante años para matar insectos, el que más tarde fue prohibido en la mayor parte del mundo?", Dije.

"Sí. Es una toxina. Prohibiendo el venenoso Temido Triángulo Dramático -el DDT- de los asuntos de la humanidad también haría del mundo un lugar más sano y más seguro, ¿no crees?

Justo entonces escuché el ruido de una ola en la playa. Echando un vistazo al océano, me di cuenta de que la marea había cambiado. Ted también lo notó.

Él dijo: "Antes de que vuelva la marea, hay una cosa más que quiero que sepas. Vamos a subir a esas rocas. Te mostraré la atmósfera en la que se desarrolla el DDT. Se llama Orientación a la Víctima".

Capítulo 4

La Orientación a la Víctima

Mientras Ted y yo continuamos por la playa, exploré el acantilado frente a nosotros. Hace solo unos minutos, había estado sentado en ese banco, con los ojos cerrados en señal de rendición y oración, cuando este desconocido apareció a mi lado. Ahora estábamos conversando profundamente sobre las mismas preocupaciones que me habían hecho dejar todo y tomarme unas vacaciones para reflexionar sobre este punto decisivo de mi vida. Apenas tenía idea del gigante giro que estaba a punto de dar.

Nos alejamos del agua hacia varias rocas grandes que sobresalían de la playa cerca del acantilado. La imagen de Ted del Temido Triángulo Dramático aún estaba grabada en mi mente.

"Sentémonos aquí en esta gran roca ", sugirió Ted. Nos sentamos uno junto al otro, como si hubiéramos estado sentados en el banco. Ted inclinó su bastón contra la parte posterior de la piedra. Mientras permanecíamos sentados en silencio durante unos minutos, aún podía ver su dibujo en la arena cerca del agua.

"El DDT es una forma de obtener una vista panorámica de tu vida. Los dramas de los que hemos estado hablando son solo una parte: el resultado final de tu orientación personal hacia el mundo", dijo Ted.

"¿Orientación? ¿A qué te refieres, exactamente?"

Pregunté.

"Una Orientación es un punto de referencia, un punto de vista mental que determina tu dirección. ¿Alguna vez has trabajado con una brújula?

"Claro, usé uno cuando era un Boy Scout. ¡Pero de eso ha pasado un tiempo! "Me reí.

"Bueno", dijo Ted, "¿sabes cómo una brújula te da un punto de referencia al indicar qué camino está al norte? Con el uso de ese conocimiento puedes establecer un curso, decidir hacia dónde quieres ir. Una Orientación

funciona como una brújula, una que está dentro de ti. Tu orientación interna, tu punto de vista mental, tiene mucho que ver con la dirección que tomas en la vida. Entonces tu orientación determina mucho de lo que experimenta. El diccionario dice que una orientación es una dirección general o duradera de pensamiento, inclinación o interés".

"Bueno. Orientación. Punto de referencia. Dirección. Creo que lo entiendo, pero ¿qué tiene eso que ver con ser una Víctima? ", le pregunté.

"En qué te enfocas (tu Orientación) determina cómo actúas. Afecta a casi todo lo que aparece en tu vida, también. Entonces, el DDT es el resultado directo de tener una Orientación de Víctima para el mundo. Te mostraré lo que quiero decir. "

ENCONTRAR EL FISBE

Ted volteó hacia mí. "Supongo que es un diario en tu mano".

"Sí, he dicho. "Estaba escribiendo en eso justo antes de que me acompañaras allá en el banco".

"Es bueno". Si te parece bien, me gustaría dibujar un par de ilustraciones que creo que encontrarás útiles"

Saqué el bolígrafo del broche, abrí el diario en la siguiente página en blanco y se lo entregué a Ted. Él lo aceptó y dibujó tres círculos en la página. Los círculos estaban dispuestos en una especie de triángulo: uno en la parte superior y dos en la parte inferior. Luego dijo algo realmente extraño. "Yo llamo a esto una *Fizz-bee*".

Sabía que no podría haberlo escuchado correctamente. "¿Te refieres a un *Frisbee*?", Le pregunté

Ted se rio y señaló hacia la playa, hacia donde un hombre y una mujer jóvenes lanzaban un disco de plástico de un lado a otro. "No, no es un juguete. Un *FISBE. FISBE* representa estos tres círculos. "Ted escribió la letra *F*en el círculo superior. "*F* significa el *enfoque (focus)* de tu orientación. Ahora, lo que sea en que te centres te causará algún tipo de respuesta emocional. Solo mira el océano por un minuto, David. Cuando te enfocas en las olas, ¿qué tipo de sentimientos tienes?"

Las olas ascienden, se elevaban, se disuelven en la orilla, dejando oscuras demarcaciones donde se hundían en la arena. Respiré profundamente, asimilando toda la escena. "Serenidad", dije, casi sin pensar. "Hay todo ese poder y esta gran extensión de azul. Es por eso que vengo aquí. Estar cerca del océano me da una sensación de calma. Necesito ese sentimiento de calma para tener algo de perspectiva".

"Estupendo. Tu enfoque en el océano evoca un estado interno particular. Ted dibujó una flecha en diagonal desde el círculo superior y la conectó al círculo de la derecha.

En ese círculo, él escribió *IS* (internal state)*. "Su ** estado interno* ahora mismo es tranquilo y sereno".

Ted continuó, "Tu *enfoque (f)* crea tu *estado interno (is)*, y ese estado interno te motiva a actuar de cierta manera. En este momento tu enfoque está en el océano y evoca en ti un estado interno de serenidad. Cuando sientes ese tipo de calma, ¿qué haces? ¿Cómo actúas cuando estás aquí en la playa?

Volví a mirar el risco hasta el banco donde había venido a sentarme. "Me vuelvo contemplativo", dije. "Cuando llego por primera vez a la playa, por lo general me quedo quieto o sentado, como lo hice allí arriba, y simplemente miro hacia el mar. Entonces todo parece ir más despacio, y antes de darme cuenta, pienso en mi vida más profundamente. Así es como obtengo una perspectiva".

Mientras hablaba, Ted sacó otra flecha, esta vez del segundo círculo al que está abajo a la izquierda

En ese círculo, escribió *Be* (behavior)* . "¡Estupendo! *Be** significa "*Comportamiento*". De modo que tu desaceleración y tu actitud contemplativa es la forma en que se comporta cuando te enfocas con calma en el océano. ¡Acabas de dar un ejemplo perfecto de FISBE en acción!

Miré el diagrama de Ted en la página de mi diario. "Entonces, mi enfoque (F) me involucra en un estado interno (IS) emocional que impulsa mi comportamiento (BE), ¿no es así?"

"¡Exactamente!", exclamó Ted. "Tu Orientación pone en acción tu experiencia: cómo te comportas en la vida. El Temido Triángulo Dramático es el resultado de una cierta orientación: la orientación a la víctima. Echemos un vistazo al FISBE para eso".

Ted entonces dibujó otros tres círculos similares debajo del FISBE. "En la Orientación a las Víctimas, el Foco está en un problema en tu vida". (En el círculo superior, escribió el *Problema*).

"¿Cuándo una Víctima se enfoca en el Perseguidor, por ejemplo?", Me aventuré.

"¡Acertaste! O cuando un Perseguidor desprecia a la Víctima y ve a esa persona como un problema."

PROBLEMA ▸ ANSIEDAD ▸ REACCIÓN

Ted continuó, "Incluso un Rescatador se enfoca en la Víctima como una persona problemática que necesita ayuda. Recuerda, el problema puede ser una persona, una condición o una circunstancia en tu vida". Recordé cómo me había centrado en mi infertilidad, mi divorcio y la muerte de mi padre como problemas.

En el segundo círculo, Ted escribió *Ansiedad*. "Cuando aparece un problema, sientes ansiedad: el estado interno de la orientación hacia la víctima. La intensidad de la ansiedad podría ser cualquier cosa, desde leve incomodidad o irritación hasta puro terror. La ansiedad, ya sea leve o intensa, te da energía para la acción y activa tu comportamiento. Cómo te comportas es siempre un tipo de reacción".

Él escribió *Reacción* en el tercer círculo. "¿Suena familiar?"

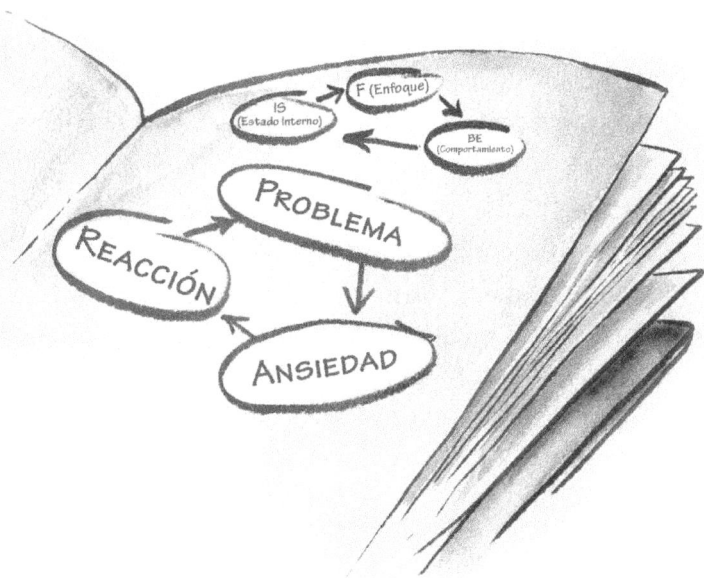

"Ahora apuesto a que vas a decir que la reacción es *luchar, huir o congelarse*", le dije.

"¡Oye, eres un aprendiz rápido!" Ted sonrió cálidamente. "Eso es demasiado familiar, tengo que admitirlo", le dije, señalando el diagrama de mi diario.

"Estoy seguro de que es así", dijo. "De hecho, la Orientación a la Víctima es el enfoque que la mayoría de los seres humanos tienen de su experiencia, por defecto. Pasas mucho tiempo buscando soluciones a los problemas. Los problemas son a menudo el centro de las vidas de las personas".

"Esa ha sido mi experiencia últimamente", le dije.

"Cuando solía ir y venir entre caminar sobre cáscaras de huevo y culpar a mi esposa, la veía tanto a ella como a nuestra relación como *problemas*. Había tanto miedo, ira y dolor, mucha ansiedad, supongo, como dijiste. Mis reacciones pasaron de hacer lo que podía para mantener las cosas en calma y culpar a la ira.

"Puedo ver el Temido Triángulo Dramático en mi propia vida", continué. "Cada uno de los tres roles ve a los otros como problemas que deben ser resueltos. Hay mucha ansiedad, y da vueltas y vueltas entre ellos, lo que lleva a sus reacciones. Y eso crea el drama. ¡Parece que este ciclo podría continuar para siempre!

"Sí, ciertamente lo hace", dijo Ted. "El ciclo del DDT es muy difícil de romper, pero no imposible. Para encontrar la salida, comienzas por reconocer dos cosas importantes sobre la Orientación a la Víctima: La primera es una ilusión que se encuentra en el centro de esta Orientación. El segundo es una falsa esperanza que nunca podrá cumplirse mientras el ciclo continúe".

DELIRIO Y FALSA ESPERANZA

Pude ver que Ted estaba de buena racha, y estaba fascinado. Sabía que si quería salir de la Orientación a la Víctima, iba a tener que controlar este engaño del que estaba hablando, y la falsa esperanza que lo acompañaba

Ted continuó. "Veamos primero el engaño. Déjame hacerte una pregunta. Cuando reaccionas ante algo, ¿qué te dices a ti mismo, estás reaccionando - al problema o a la ansiedad?

Yo dudé. "Bueno", le dije, "creo que estoy reaccionando al problema". Quiero decir, si el problema no existiera, no estaría reaccionando de esa manera"

Ted señaló el diagrama de la Orientación de la Víctima. "Bien, ahora mira el FISBE. Considera esas tres piezas: Enfoque, Estado Interno y Comportamiento. ¿A cuál estás reaccionando?

"De acuerdo con el FISBE, parece que estoy reaccionando a la ansiedad: mi estado interno", dije.

"¡Correcto! La ansiedad que sientes proviene de tu forma de enfocarte en el problema. Ese es su Estado Interno, y eso es lo que realmente impulsa tu comportamiento. Puedes sentirse ansioso porque el problema existe, pero la ansiedad en sí misma no es el problema. Estás ansioso por el estado en el que te encuentras. Así que aquí está el engaño de la Orientación a la Víctima: crees que estás reaccionando a un problema, cuando realmente estás reaccionando a tu propia ansiedad".

"Entonces, ¿cuál es tu punto, Ted? No estoy seguro de seguir..."

"Buena pregunta. Por un lado, es importante saber que es tu ansiedad basada en el miedo lo que te mueve a actuar cuando estás en la Orientación a la Víctima. Si no te sientes ansioso, pierdes la motivación para hacer algo al respecto. Entonces, con una Orientación a la Víctima, de una manera extraña, ¡realmente necesitas un problema para actuar! Para ver por qué esto es tan importante, observa cómo cada parte del FISBE crea un patrón de comportamiento con sus propios resultados.

"Comencemos con el Enfoque: un problema. Cuando tu esposa se distanció, ¿qué pasó con tu ansiedad? ¿Aumentó o disminuyó?

"Cuando ella hizo eso, me sentí más ansioso... definitivamente", le dije.

"Correcto. Y cuando aumenta tu ansiedad, ¿qué ocurre con tu tendencia a reaccionar?

"Bueno", le dije, "mi deseo de reaccionar también aumenta; quiero deshacerme de la ansiedad".

"Está bien, David. Este siguiente paso es crítico. Si tu reacción es exitosa, lo que significa que tiene un impacto positivo sobre tu problema, ¿qué ocurre con la intensidad del problema?

"El problema parece menos intenso, si hago algo que parece ayudar".

"Bien", dijo Ted. "Ahora mira esto: cuando el problema parece menos intenso, ¿qué pasa con tu ansiedad?"

"Baja. Las cosas no parecen tan malas".

"Cuando la ansiedad disminuye, ¿qué pasa con la sensación de que tienes que hacer algo para solucionar el problema?"

"Baja, también", dije. "Me relajo y respiro profundamente".

"Por supuesto que lo harías". Ahora aquí es donde el engaño entra en juego. ¿Recuerdas cuando dije eso en la Orientación a la Víctima, en realidad es tu ansiedad la que te motiva a actuar? Bueno, cuando tu ansiedad

desaparece, también lo hace tu energía para actuar.
Entonces, ¿qué sucede si disminuye tu impulso para
tomar medidas contra el problema? ¿Qué pasará con la
intensidad de ese problema? "

"Bueno", le dije, "el problema podría seguir acechando,
como una enfermedad que entra en remisión. Supongo
que es muy probable que el problema vuelva a surgir y
finalmente, parezca más intenso. ¿Correcto?"

"¡Correcto!", exclamó Ted. "Y cuando vuelve a surgir esa
intensidad sobre el problema, todo el ciclo se reinicia. Es
déjà vu una vez más, como alguien dijo una vez. Cualquier
problema que parezca surgir en su vida una y otra vez,
ya sea con un empleado, compañero de trabajo, un ser
querido o incluso dentro de ti mismo, virtualmente te
garantiza involucrarte en la Orientación a la Víctima.
Haces algo con la situación, mejora durante un tiempo y
luego vuelve a aparecer en el futuro. Puede tomar días,
semanas, meses, incluso años, pero es una apuesta segura
que el problema surgirá de nuevo en el futuro".

"¡Espera! No estoy seguro de entenderlo. ¿Por qué la
intensidad del problema sube nuevamente? ¿No resolví el
problema cuando reaccioné por primera vez? ", Pregunté.

"Casi nunca", explicó Ted. "Raramente, si es que se
resuelve alguna vez, un problema desde la Orientación
a la Víctima. Para eliminar realmente la fuente de un

problema, generalmente se necesita un enfoque a largo plazo. En la Orientación a la Víctima, ese tipo de enfoque es casi imposible, porque cuando las cosas mejoran, pierdes esa energía de levantamiento y avance para hacer algo sobre el problema. Las cosas mejoran y te relajas y dejas de reaccionar ante el problema, solo para descubrirlo nuevamente".

"¿Cómo?"

"¡En serio! Este patrón recurrente puede durar años y años, altos y bajos, más altos y más bajos. He oído a mucha gente decir que sus vidas son como una montaña rusa. Entonces, David, ¿qué piensas? ¿Alguna vez has caído en este patrón?

Contemplé las olas que se acercaban, tratando de pensar en una época en la que Ted estaba describiendo el tipo de drama de montaña rusa. Me sentí un poco nervioso, pero estaba decidido. Tenía que haber una salida de este ciclo de Víctima. Tomé una respiración profunda, bajé la mirada hacia mi estómago, y dejé escapar un largo suspiro. Entonces me di cuenta.

"Claro", me reí entre dientes. "Puede sonar un poco tonto, pero parece que siempre he estado en una montaña rusa con mi peso. El **problema** aparece cuando me subo a la balanza por la mañana. Cuando miro cuanto peso en la balanza, solo hay una leve **ansiedad**, pero siento el peso de ese número mirándome entre mis pies. **Reacciono** prometiéndome hacer dieta y hacer ejercicio. Me mantengo enfocado y comprometido por un tiempo. Empiezo a perder libras y pulgadas, y muy pronto me siento realmente genial. Mi ropa se ajusta mejor. Mis amigos y mi familia me dicen lo bien que me veo. Pero luego surge algo, como una gran fiesta o unas vacaciones. Y como las cosas van tan bien, lo celebro comiendo todas las cosas que he estado evitando. El problema es que después no vuelvo a mi alimentación saludable o ejercicio. Después de un tiempo, un día estoy parado sobre la misma balanza en una mañana completamente nueva preguntándome cómo volvieron todas esas libras problemáticas ".

Ted sonrió comprensivamente. "¡Lo tienes! Así es como funciona la Orientación a la Víctima. Su ejemplo puede ser común, pero desafortunadamente es exactamente el mismo ciclo que aparece en situaciones mucho más graves, como la adicción, cuando alguien se da por vencido y luego tiene una recaída. En situaciones de violencia doméstica y relaciones abusivas, un Perseguidor o perpetrador hiere a una Víctima, luego se disculpa y se compromete a no volver a hacerlo. Puede parecer que las cosas vayan bien por un tiempo, solo que termine en algún incidente explosivo que comience el ciclo una vez más".

DDT Y ORIENTACIÓN A LA VÍCTIMA: UNA PAREJA PERFECTA

"Verás", continuó Ted, "el Temido Triángulo Dramático está arraigado en la Orientación a la Víctima: mira los roles y sus reacciones. Imagina que eres la Víctima en el triángulo. Recuerda, en el DDT solo hay tres posibles reacciones: luchar, huir o congelarse. La Víctima puede atacar cuando se enfrenta a un Perseguidor. Cuando eso sucede, la Víctima se convierte en Perseguidor y el Perseguidor original se convierte en la Víctima. O la Víctima puede huir para alejarse del Perseguidor y emprender la búsqueda de un Rescatador que reciba a la Víctima con los brazos abiertos.

"O la víctima puede congelarse. La reacción de congelación puede ser no hacer nada, pero eso generalmente no es lo que sucede. Más a menudo, la Víctima encuentra una manera de adormecer el miedo y el dolor de la Victimización. El adormecimiento se puede hacer de muchas maneras, la mayoría de ellas adictivas, como las drogas o el alcohol, trabajar demasiado, distraerse frente a la televisión, o cualquier otra cosa que ofrezca escapar de los sentimientos. Las tres reacciones (pelear, huir o congelarse) son reacciones al problema presentado por el Perseguidor".

Pude ver cuán consistentemente el DDT y el ciclo reactivo de la Orientación a la Víctima se habían desarrollado en mi propia vida. "Esto me ha pasado tantas veces", dije. "Como, toda mi vida he tenido miedo de que otras personas me dejen. Puedo pensar en muchas ocasiones cuando fui una Víctima de abandono, tanto emocional como físicamente, y perdí una relación importante. Cuando esto sucedió,

Tuve una reacción de fuga: de inmediato comencé a buscar otra relación para llenar el vacío".

"Esa nueva relación se convirtió en tu Rescatador, salvándote del dolor que sentiste cuando te dejaron solo", respondió Ted.

"Correcto. Este miedo al abandono me ha dado una especie de radar supersensible. Constantemente busco señales de que la otra persona se irá o que me quitarán las cosas buenas de mi vida. Empiezo a reaccionar ante todas las posibles pistas de que algo va a salir mal. Odio decirlo, pero me aferro. Me agarro con tanta fuerza y me concentro tan intensamente en la relación que otras personas comienzan a sentirse sofocadas o presionadas. Luego reaccionan alejándose de mí".

"Y a medida que esa persona se distancia, la ves como tu Perseguidor", dijo Ted. "¿Correcto?"

"¡Apuesto!", Exclamé. "Ella se convierte en mi más

recién persona que me abandona, mi Perseguidor, y el ciclo comienza de nuevo, como dijiste. Eso es lo que pasó entre mi esposa y yo. Cuando me enteré de mi infertilidad, quería más y más consuelo de ella, pero eso solo la alejaba más. Desearía haberme enterado de todo esto en aquel entonces".

"Tu historia ilustra otra parte importante de la Orientación a la Víctima, David. Gran parte de la humanidad camina sonámbula a través de la vida, moviéndose a través del día firmemente arraigada en la Orientación a la Víctima y sin darse cuenta de ello. Representa gran parte de la tragedia de la experiencia humana".

Ted se alejó un momento y miró las olas que se acercaban. Cogió un palo nudoso de madera flotante y lo arrojó a la arena cerca de la orilla de agua. Justo en ese momento surgió una gran ola, sumergió el palo y se lo llevó. Mientras lo miramos alejarse en la superficie del agua, miré a Ted. Una mirada lejana estaba en sus ojos.

Él tomó aliento y continuó. "Cuando caminas sonámbulo, constantemente reaccionas a los problemas, incluso a tus propios comportamientos. En la Orientación a la Víctima, deseas deshacerte de tus problemas o alejarte de ellos. Pero a menudo las cosas que haces para intentar que el problema (o el Perseguidor) desaparezcan solo terminan intensificando tu sufrimiento".

"En realidad, hubo momentos en que las cosas parecían ir bien", dijo. "Quiero decir, a veces mi esposa y yo nos llevábamos bien, y teníamos una especie de coexistencia pacífica, incluso si no estábamos muy felices".

"La Orientación a la Víctima puede ser muy seductora", dijo Ted. "Mientras tu reacción -ya sea luchar, huir o congelarse- parece mejorar la situación (como ese período de coexistencia pacífica), se dice a sí mismo que tu reacción funciona para conseguir lo que quieres.

En tu caso, eso significaba sentirte seguro y evitar la soledad. Pero luego, tal como lo describió, en algún momento notaste que tu esposa se estaba distanciando, y reaccionaste presionando por más cercanía. En lugar de resolver el problema, tu reacción empeoró, ya que comenzó a sentirse asfixiada y presionada.

"Entonces, reaccionar de hecho aumenta el problema. Cuando eso sucede, la vida se convierte rápidamente en una pendiente resbaladiza. El problema empeora y su ansiedad aumenta. A medida que la ansiedad aumenta, actúas para reducir tu ansiedad. Esa forma de actuar, aferrándose o mendigando o gritando de frustración, solo arroja combustible al fuego".

"Lo entiendo", suspiré. "Mi propia reacción temerosa crea el resultado exacto que trato de evitar: ser abandonado".

"Exactamente", confirmó Ted. "Luego pasas a la siguiente relación y desarrollas el mismo drama, a menos que o hasta que despiertes a lo que estás haciendo.

Mientras estés sonámbulo, no estás consciente de este ciclo. Mientras interpreta el drama, no ves que lo que haces es contraproducente, porque, en un principio, tus reacciones parecen estar funcionando para mantener su ansiedad baja.

"Ted me miró directamente. "Mientras caminas dormido, piensas que tu problema está ahí para ser reparado, sin darte cuenta de cómo tus propias reacciones contribuyen a tu sufrimiento. Crees que el dolor existe en tu entorno, y que si puedes solucionarlo, luchando, huyendo o congelando, la vida mejorará".

"Está bien", dije. "Entiendo cómo mantengo el ciclo y cómo mi postura de Víctima alimenta el drama. Pero ¿qué pasa con alguien más, alguien que realmente es una Víctima de circunstancias fuera de su control?"

"Oh sí. Guerra y asesinato, inanición… Si bien es cierto que ciertas circunstancias no son de tu propia creación, también es cierto que la forma en que reaccionas a esas circunstancias, generalmente tratando de hacer que todo desaparezca, se convierte en la fuente de aún más sufrimiento y mantiene el ciclo activo.

"Las olas del océano ahora crecían en tamaño. Vimos

la marea subir, y una ola comenzó a crecer y crecer.
La ola ascendió, rompiendo hacia la orilla; se estrelló
contra la arena...y borró el Temido Triángulo Dramático
que Ted había dibujado. Él volteó hacia mí. "Qué
metáfora tan apropiada. La ola acaba de borrar el DDT!
Desearía que fuera tan fácil superar las limitaciones de
esa forma de ser en el mundo. Pero la Orientación a la
Víctima es antigua. Ha sido la orientación principal de la
humanidad durante todo el tiempo que hemos vagado
por la tierra. El impulso de luchar, huir o congelarse ha
jugado un importante rol de supervivencia, una fuerza
evolutiva vital. La dura realidad es que la Orientación a
la Víctima y su traviesa dinámica siempre serán parte
de ti. Pero la Orientación a la Víctima ha superado su
utilidad, David. Ya no tiene que conducir tu vida y tus
relaciones".

Busqué pistas en los ojos de Ted. ¿Cómo podría estar
tan seguro? "Entonces, ¿estás diciendo que no tengo que
reaccionar al problema?" Parecía poco probable.

"Eso es correcto", dijo. "Hay otra Orientación que
presenta una elección diferente, una que solo puede
hacerse conscientemente. Ese próximo salto evolutivo
te llevará a una Orientación muy diferente. Pero
hablaremos de eso más tarde".

Las olas crecían en intensidad. Poco a poco, la playa
parecía reducirse. Mi mente estaba conmovida por todo

lo que Ted me había dicho. Él sonrió. "Quizás el resto puede esperar. ¿Puedes volver mañana?

"Sí", respondí. "Me tomaré un tiempo libre ahora mismo.

Había planeado pasar unos días aquí, de todos modos. Me gustaría saber más. ¿Cuándo podríamos reunirnos?

"¿Qué tal si nos reunimos en el banco allá arriba en el acantilado a media mañana? Cuando quieras aparecer, está bien para mí".

"Te veré en la mañana, entonces", le dije.

Capítulo 5

OTRO AMIGO

Me senté en el banco a media mañana, mirando el océano. El sol había quemado la capa costera de niebla, y el agua, que se extendía como una manta amortiguada por el viento, cubría la tierra.

Mi sueño había sido inquieto. Toda la noche las enseñanzas de Ted se agitaron en mi cerebro como las olas que rompían en la playa. Fue una gran carga, darme cuenta de cuánto de mi vida había pasado atrapado en la Orientación a la Víctima. ¿Cuántas veces había viajado alrededor del DDT, ese tóxico y Temido Triángulo Dramático? Mientras estaba despierto en la cama, mi mente vagó de lo mundano a lo monumental, considerando todos los altibajos de mi vida ante este nuevo punto de vista.

Unos días antes mi vuelo a la costa se había retrasado en Chicago y, al igual que los otros pasajeros, estaba ansioso por llegar a mi destino. Todos fuimos víctimas del clima ese día y de los estragos que había causado el flujo de llegadas y salidas de los aeropuertos. Recuerdo

59

cómo algunos viajeros se acercaron a los agentes de la puerta como posibles Rescatadores, como si los botones de sus teclados de computadora pudieran lograr magia instantánea. Cuando los agentes de boletos prometieron que solo anunciarían nueva información cuando estuviera disponible, vi que esos mismos pasajeros comenzaban a tratar a los agentes como Perseguidores.

¿Cuándo comencé por primera vez la Orientación a la Víctima? Supongo que se remonta a mi vida familiar temprana. Sin duda, mis padres me habían amado e hicieron lo mejor que pudieron, pero sin querer habían repetido ciertos patrones poco saludables de su propia educación. Supongo que si siguiera el mapa genealógico de la Orientación a la Víctima, me conduciría hasta los primeros humanos y las reacciones de lucha, huida o congelamiento que los ayudaron a sobrevivir para poblar el mundo. Y ahora la evolución me había colocado en este crítico punto de elección: tuve la oportunidad de romper el ciclo de la Víctima, detener los patrones que lo transmitían de generación en generación. La perspectiva fue abrumadora.

Yo también estaba emocionado. ¡Algo nuevo estaba por suceder! Después de todo, había una manera más satisfactoria de estar en el mundo, y sabía que hoy Ted me daría algunas pistas sobre cómo vivirlo. O eso esperaba. Habíamos dejado las cosas bastante abiertas el día anterior. ¿Qué pasaba si él no aparecía? No tenía número de teléfono, no había forma de contactar a Ted. Respiré profundamente aire salino y lo dejé pasar. Decidí confiar en el proceso.

Cerré los ojos y ofrecí una oración de gratitud. Encontré un amigo sabio, y ahora tuve tiempo para considerar nuestra conversación, tal vez incluso empezar a darle un buen uso. Tomé una respiración lenta y completa. El aire salado y el sonido de las olas en la orilla se mezclaron con los gritos de las gaviotas sobre sus cabezas. La brisa me rozó la mejilla. Me sentí tranquilo, en paz.

Ted carraspeó. Abrí los ojos y allí estaba, de pie con su bastón en la mano. Ni siquiera lo había oído acercarse. Él sonrió. Asentí. Estábamos listos para volver a comenzar.

TRASCENDER LA HISTORIA DE LA VÍCTIMA

Metí mi diario bajo mi brazo y comenzamos a caminar por la vía. Silenciosamente bajamos a la playa, y esta vez no logré caerme. Cuando pasamos el punto donde me había resbalado el día anterior, Ted notó la diferencia.

"Veo que te quedaste en pie, ¡felicitaciones!" observó Ted. "Caminabas de manera diferente justo ahora cuando te acercabas al lugar donde te resbalaste ayer".

"Creo que aprendí de la experiencia", me reí entre dientes. "Hoy estaba mucho más consciente de ese punto, así que lo hice de forma un poco diferente".

"Aprendiste de tu experiencia. Te mantuviste al tanto de las lecciones de la caída de ayer, y eso te dio la opción de elegir un nuevo enfoque justo ahora. Eso es lo que quiero explorar contigo hoy. Hay un enfoque diferente para tu vida que te servirá mucho mejor que el DDT y la Orientación a la Víctima ", dijo Ted. Luego continuó: "¡Qué buen día!"

Y estaba: el cielo despejado, un sol brillante, y la marea se movía para revelar la suave arena que había servido como la pizarra de Ted el día anterior. Mi ritmo se aceleró cuando llegamos al borde de la orilla. Mientras las olas lamían y acariciaban la arena, noté una mujer en la distancia que parecía mirar hacia nosotros. Ella saludó y comenzó a caminar hacia nosotros.

Ted se volvió hacia mí y dijo: "He invitado a alguien a unirse a nosotros, David. Su nombre es Sophia. Hace un par de años nos encontramos en esta playa y tuvimos la misma conversación que tú y yo tuvimos ayer".

Sophia sonrió y le dio un abrazo a Ted. Ella lo besó en la mejilla, y él la sostuvo con el brazo extendido, observando su rostro. "Ha pasado un tiempo, mi amigo", dijo.

Los ojos color avellana de Sophia brillaban. "Ha pasado mucho tiempo. No pasa un día, sin embargo, que no pienso en ti. Estudié a Sophia. Su cabello castaño claro caía sobre sus hombros, soplando la brisa del mar. Metió la mano en su bolsa de playa y sacó una gorra de béisbol y una banda de ejercicios. Con un movimiento rápido, se puso la gorra para contener su cabello y colocó la banda elástica alrededor de su muñeca. Entonces ella se volteó hacia mí.

"Y debes ser David", dijo cálidamente. Antes de darme cuenta, ella había tomado mis dos manos en las suyas.

Con una mirada penetrante, dijo: "Eres muy afortunado de haber conocido a Ted, ya sabes. Ese banco allí es un lugar mágico".

"¿Conociste a Ted allí también, entonces? Creo que ayer me contó un poco sobre tu historia. ¿Cuándo se conocieron? ", Pregunté.

"Hace poco más de dos años. Me acababa de separar de mi esposo, Dan.

"Asentí. "Parece que hay un patrón aquí: los matrimonios y las relaciones llegan a su fin".

"No es accidental que Ted nos

haya reunido hoy. Él tiende a hacer eso", respondió Sofía, sonriendo. "Muy a menudo las personas llegan

63

a un punto en sus vidas donde están listos para hacer un cambio significativo y es útil beneficiarse de la experiencia de otros que han seguido un camino similar. Para algunos, como tú y como yo, es a través de relaciones cercanas que quizás ya no funcionen. Pero Ted conoció a otras personas que encontraron la manera de salir de la Victimización por diferentes razones y en diferentes aspectos de sus vidas. Algunos estaban hartos de la política de la oficina o habían tocado fondo en sus adicciones. Otros tuvieron fallas en sus familias o al enfrentar la muerte. Las formas en que las personas llegan a este punto de elección son tan variadas como la experiencia humana".

Una joven pareja caminaba del brazo, ajenos a nosotros en su romántico paseo por la playa. Sentí un tirón interno de envidia y una punzada de soledad. "Cuéntame más sobre ti, Sophia".

"Supongo que Ted mencionó a mi esposo, Dan, y cómo tuvo una aventura amorosa," contestó Sophia. "Podría decir que esa fue la razón por la que nos divorciamos, pero eso sería solo una verdad a medias, porque estaba haciendo la otra mitad de la danza del DDT. Hubo mucho dolor y enojo en nuestra relación en los últimos meses. Nosotros habíamos creado un ambiente bastante abusivo y tóxico, un círculo vicioso de reproducir esas mismas dinámicas una y otra vez.

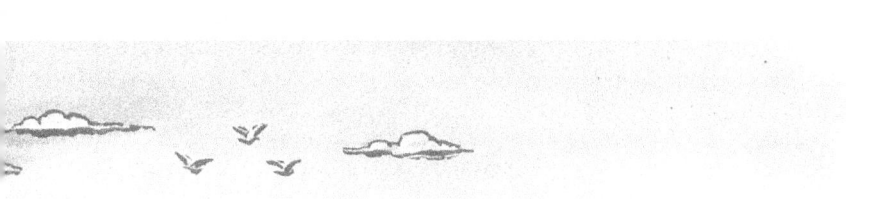

"Pero ya no hablo tanto", continuó. "No es lo que soy ahora, así que rara vez cuento esas viejas historias de Victimización". Sophia miró a Ted.

"Sophia se refiere a algo de vital importancia, David. La forma en que hablas de ti y de tu vida, tu historia, tiene mucho que ver con lo que aparece en tu experiencia cotidiana. Tus pensamientos crean filtros a través de los cuales puedes ver tu vida. Si piensas en ti como una Víctima, filtras todo lo que te sucede a través del lente del DDT, y encuentras muchas pruebas que respaldan ese punto de vista. Es por eso que la orientación que adoptas es tan importante: ejerce una influencia poderosa en la dirección de tu vida".

"Tengo muy claro que ya no quiero vivir mi vida a partir de la Orientación a la Víctima", dije. "Pero tienes que decirme: ¿cuál es la alternativa? Estuve despierto durante horas anoche contemplando todo lo que hablamos. Tiene que haber una alternativa al DDT y la Orientación a la Víctima.

"Ahora Ted y Sophia estaban sonriéndome.

"¿Y bien?", Dije, un poco impaciente.

"Lo opuesto a Victima es Creador", dijo Ted.

Hice una doble toma. La respuesta de Ted hizo eco de la respuesta que había escuchado desde mi interior el día anterior. ¿Lo había imaginado? ¿Qué estaba pasando aquí?

Capítulo 6

LA ORIENTACIÓN
AL CREADOR

¿*S*abía Ted que yo ya lo sabía? *Lo opuesto a Victima es Creador*. Esa idea había repercutido en mí ayer cuando me senté en el banco orando por respuestas. Esas palabras se habían grabado en mi mente momentos antes de que descubriera a Ted sentado a mi lado. Probablemente solo sea una coincidencia.

"El cambio al que Ted apunta, pasar de Víctima a Creador, es un cambio de mentalidad fundamental", dijo Sophia. "Para explicar, déjame compartir un poco más sobre lo que sucedió en mi matrimonio con Dan. A medida que nuestra relación se encaminaba hacia una espiral descendente, comencé a sentir que nada de lo que hacía era suficiente. Había dejado mi clase de baile, que realmente me encantaba, para pasar más tiempo con él. Pero luego se opuso cuando traje el trabajo a casa o me relajaba con un libro. Quería más atención de la que yo podría dar, supongo. Resultó que la forma en que me comporté naturalmente en nuestra relación no era lo que él quería o necesitaba. Estaba desanimado por toda la situación. El día que vine a sentarme en ese banco, estaba tratando de manejar mi vida y mi futura dirección".

Sophia se detuvo y miró las olas, reviviendo el momento.

"Una vez que me encontré con Ted y comenzamos a hablar sobre el DDT", continuó, "vi cuán profundamente creía que no era suficiente. El ciclo a través del DDT y la Orientación a la Víctima una y otra vez reforzó esta creencia para mí. Ahora, aquí es donde entra la parte del Creador: Ted me ayudó a ver que todo lo que tengo en mi mente tiende a manifestarse en mi vida. Lo que creemos y asumimos crea la mayor parte de nuestra realidad y nuestra experiencia, David. Apuesto a que Ted y tú hablaron sobre algunas de sus creencias centrales ayer".

"Sí, le dije. "Ayer me encontré cara a cara con una vieja creencia mía: que soy un problema y que la gente siempre me abandonará. Estoy bastante seguro de saber cuándo comenzó todo..."

Sonriendo, Sophia escuchó por unos minutos mientras describía las situaciones que creía me habían llevado al miedo dependiente del abandono, mi patrón de arremeter, incluso mi persistente desafío de peso. Después de un momento, Sophia levantó una mano, indicando que ya había escuchado suficiente.

"No quiero ser grosera, David, pero ¿sabes qué? No es tan importante para mí escuchar las historias de tu pasado. Estoy mucho más interesada en pensar en las nuevas historias que vas a crear cuando comiences a usar lo que Ted te mostrará hoy. Una vez que tengas este conocimiento, la vida nunca volverá a ser igual para ti. Mañana será como un nuevo lienzo en el que pintarás tu contribución única a tu mundo".

Volteé hacia Ted. El extendió la mano hacia mi diario, el cual sostenía en mi mano. "¿Puedo?", preguntó. "Hay otra Orientación que me gustaría dibujar. Regresemos a las rocas en las que estábamos ayer".

"¿Vas a lanzarme otro FISBE?" Sonreí.

Ted se rio. "Sí, pero está a millas de distancia del FISBE de ayer. Tiene un enfoque diferente, un Estado Interno muy diferente y conduce a un nuevo conjunto de comportamientos".

Los tres nos colocamos cómodamente en las rocas cerca del acantilado. Ted abrió el diario y pasó a la página al lado de la que había dibujado el FISBE y la Orientación a la Víctima el día anterior. Dibujó otro conjunto de tres círculos.

"El foco en la Orientación del Creador está en una Visión o un Resultado. Tú orientas tus pensamientos y acciones hacia la creación de lo que más deseas ver o experimentar en la vida. A veces, la visión o el resultado pueden ser completamente claros para ti. En otras ocasiones puede ser vago, solo una idea general sobre a dónde quieres ir".

Mientras hablaba, Ted escribió *Visión y Resultado* en el círculo superior del FISBE.

"Durante los primeros meses después de conocer a Ted", intervino Sophia, "mi visión era únicamente vivir cada día desde el punto de vista de la Orientación del Creador. En un sentido práctico, realmente no sabía lo que esto iba a significar. Solo sabía que era la dirección que quería para mi vida. Poner mi atención en los resultados más que en los problemas ha hecho una gran diferencia. Esa elección ha tenido un impacto poderoso en cada área de mi vida".

Ted agregó: "Una de las diferencias fundamentales entre la Orientación a la Víctima y ésta es donde enfocas tu atención, como mencionó Sophia. Para las víctimas, el enfoque siempre está en lo que no quieren: los problemas que parecen multiplicarse constantemente en sus vidas. No quieren a la persona, condición o circunstancia que consideran su Perseguidor, y no quieren el miedo que los lleva a reacciones de pelear, huir o congelarse. Los creadores, por otro lado, centran su atención en lo que quieren. Al hacer esto, los creadores aún enfrentan y resuelven problemas en el transcurso de la creación de los resultados que desean, pero su enfoque permanece fijo en su visión final".

Recordé una cita de la Biblia que alguien había compartido conmigo recientemente. Algo así como, "Donde no hay visión, la gente muere". Mientras estaba con Ted y Sophia, sentí la importancia de este concepto. Estaba bastante claro que ya no quería vivir de la posición de Víctima, pero todavía no estaba claro qué quería crear. Al crecer, aprendí demasiado bien a enfocarme en los problemas. Parecía que siempre era el centro de atención de mi familia: no tenía suficiente dinero, no tenía suficiente tiempo, mis padres discutían, familiares que estaban enfermos o luchando.

... Después de unos momentos de silencio, miré a Sophia y a Ted. "Encuentro que sé demasiado bien lo que *no quiero* en mi vida. No estoy seguro de cómo aclarar lo *que quiero*", dije.

"Ese es a menudo el caso cuando hemos estado sonámbulos por la vida en la Orientación a la Víctima", respondió Sophia. "Cuando nos falta visión para lo que queremos en nuestras vidas, viendo solo lo que

71

no queremos, la contribución única que estamos aquí para ofrecer parece desaparecer. En ese lugar oscuro a menudo no podemos ver nuestra salida. Apenas sabemos cuál es el camino hacia adelante. Esos primeros meses que Ted y yo hablamos, todo en lo que podía enfocarme era en la Orientación del Creador. También pasé bastante tiempo explorando lo que más quería contribuir a los demás. Más adelante podemos hablar más sobre discernir el significado y el propósito de nuestra vida. Pero primero quiero que Ted termine de delinear la Orientación del Creador. Ted?"

"Gracias, Sophia. Me gusta mucho escuchar tu historia, especialmente lo que te sucedió en los últimos años. ¡Hace que mi corazón cante! David, este "canto del corazón" es la calidad del Estado Interior de la Orientación del Creador. A medida que te enfocas en los resultados que imaginas, te conectas con emociones olvidadas o que rara vez se sienten: pasión, amor, un sentido del deseo de tu corazón".

Ted escribió *Pasión* en el centro del segundo círculo en el diario. Él dijo: "Cuando te enfocas en aquellas cosas en tu vida que tienen un significado y un propósito, tu pasión fluye naturalmente".

"¿Puedes recordar un momento en tu vida en el que la pasión, el deseo o el amor surgieron de forma natural?", Preguntó Sophia.

Lo pensé por un momento. "Bien seguro", dije. "Antes de que mi esposa y yo estuviéramos casados, cuando estábamos saliendo. Nosotros pasamos mucho tiempo simplemente saliendo juntos. En aquel entonces, solo tenía que mirarla, y comencé a saciar esos sentimientos en mí".

"Umm", dijo Ted. "Puede que no quieras escuchar esto David, pero ese sentimiento en realidad puede estar más relacionado con tu experiencia en la Orientación a la Víctima que con lo que buscamos aquí. Apostaría que los sentimientos que identificaste entonces como amor también fueron el resultado de haber encontrado a tu próximo Rescatador. ¿Ves cómo eso podría ser posible?

Fruncí el ceño. Sentí un tirón en la boca del estómago. "Sí, yo supongo que sí. Pero tener una relación es lo que realmente quería".

Sophia agregó, "David, Ted está haciendo un punto importante. Por supuesto que querías una relación. La gente naturalmente busca relaciones íntimas. Pero querer una relación para ahuyentar tu soledad es muy diferente de concebir conscientemente las cualidades y características del tipo de persona con quien deseas crear una pareja. En mi propio caso, cuando me acerqué a la Orientación del Creador después de muchos, muchos meses de curación después de mi divorcio, me volví mucho más perspicaz. Pasé mucho tiempo aclarando, con la ayuda de un entrenador y mentor, las cualidades y características del tipo de persona con la que quería estar en una relación comprometida. Cuando los sentimientos de amor y pasión comenzaron a surgir con mi nuevo compañero, Jake, supe que esos sentimientos habían surgido no porque Jake fuera el "compañero correcto", sino porque estaba eligiendo conscientemente ver en él las cualidades que más quería en un compañero.

"Es así, David", continuó Sophia. "Permíteme preguntar de nuevo: ¿Puedes pensar en un momento en el que la pasión o el deseo surgieron de forma natural, aparte de las primeras etapas de una relación? Tómate unos minutos y revisa tu vida ".

Recordé mi primer trabajo fuera de la universidad. "Inmediatamente después de terminar la universidad obtuve un trabajo realmente emocionante al ayudar a construir un estudio y operación de televisión por cable con acceso público. Creamos todo con nuestras propias manos. Capacité a voluntarios sobre cómo usar el equipo de video y editar programas. Tuvimos programas en el estudio para educar y llegar al público, grabamos eventos del área, y todos sentimos que estábamos ayudando a construir una comunidad real. Ganamos premios nacionales por nuestros esfuerzos. Me levantaba cada mañana ansioso por ir a trabajar, para comenzar las nuevas creaciones del día. No pagó mucho, pero fue uno de los trabajos más divertidos y emocionantes que he tenido".

Sophia sonrió y dijo: "Si solo pudieras ver tu ojos en este momento, David. Tus luces están encendidas y ardiendo brillantemente. Así es como se ve y se siente la pasión en la Orientación del Creador".

"Cuando tocas esa pasión para crear los resultados que te interesan, proporciona una energía poderosa para actuar en función de los deseos de tu corazón", dijo Ted. "El Comportamiento que te mueve en esa dirección es dar Pequeños Pasos. Dar un pequeño paso significa dar el siguiente paso lógico frente a ti: hacer una llamada telefónica, tener una conversación o recopilar información. Cada paso que das te acerca más a tu visión o te ayuda a aclarar la forma final del resultado deseado".

Ted escribió *Pequeños Pasos* en el último círculo. "Son los Pequeños Pasos que das, las cosas cotidianas que haces, lo que finalmente te lleva a la manifestación de tu resultado".

"Eso tiene sentido", dije. "Hice lo mismo una y otra vez cuando trabajaba en el estudio de televisión por cable. Me encantaba el proceso de edición. Por lo general, grabamos más del doble de la cantidad de metraje que necesitaríamos para una cinta de video final. Luego me sentaba en la sala de edición durante horas juntando el programa una escena a la vez, como un rompecabezas de video. Nunca pensé llamarlo *Pequeños Pasos*, pero definitivamente es el proceso que estábamos usando para producir programas de televisión".

TRES GRANDES DIFERENCIAS

"Ya sea que estés creando un programa de televisión, construyendo una casa o comenzando una nueva relación, el proceso básico es el mismo", dijo Sophia. "La Orientación del Creador es una forma poderosa y simple, aunque no siempre fácil de pensar y actuar. Se ha vuelto muy importante para mí, gracias a Ted".

"De nada, Sophia". Ted sonrió. "Definitivamente hay un AIR diferente sobre ti desde que adoptaste la Orientación del Creador. Puedo asegurarte, David, que las personas que te conocen pronto comenzarán a notar un AIR

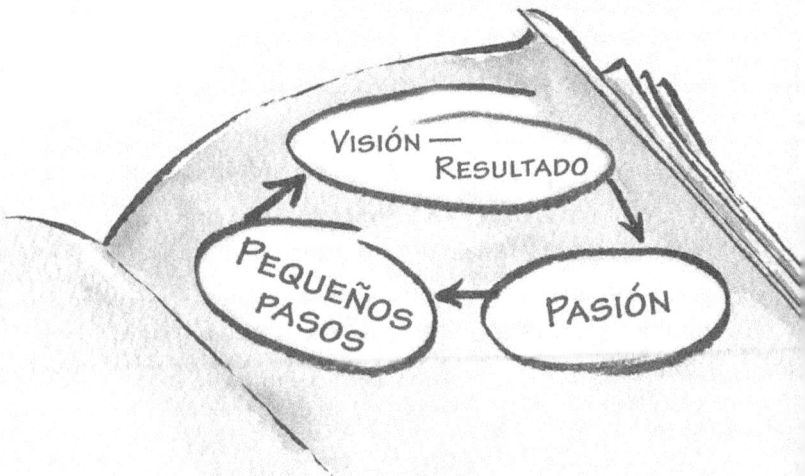

diferente sobre ti, también, si te comprometes con la Orientación del Creador como tu principal postura en la vida".

"Ted insinúa las tres cosas que marcan la diferencia entre la Víctima y la Orientación del Creador", agregó Sophia riéndose. "¡Ted, deja la tontería y dile a David qué significa AIR!"

Ted me guiñó un ojo. Su sonrisa activó pequeñas arrugas en su rostro, y sus ojos brillaban. "AIR representa tres grandes diferencias entre las posiciones de Víctima y Creador. El primero es donde pones tu **Atención**. Como Víctima, tu atención se centra en lo que no quieres: piensas, hablas y actúas sobre los problemas en tu vida. Como Creador, primero pones tu atención en lo que deseas: tu resultado previsto.

"La segunda diferencia es tu **Intención**. En la Orientación a la Víctima tu intención es deshacerte de tus problemas o alejarte de ellos. En la Orientación del Creador, su intención es generar, o manifestar, los resultados que visualizas.

"La tercera gran diferencia son los **Resultados** que produces. Los resultados de la Orientación a la Víctima son temporales y reactivos. Sin embargo, con la Orientación del creador, es mucho más probable que produzcas resultados satisfactorios y sostenibles a lo largo del tiempo. Con cada Pequeño Paso que tomas desde la posición del Creador, te acercas o aclaras los deseos de tu corazón.

"Sophia intervino," No pienses que Ted dice que la Orientación del Creador es todo dulzura y luz, o que no hay tal cosa como problema. Puedo decirte por experiencia que vivir de la Orientación del Creador es realmente más desafiante. En la Orientación a la Víctima, no tuve que ejercer una elección consciente: simplemente reaccioné a mis circunstancias. La Orientación del Creador requiere considerar y elegir mi respuesta a todo lo que sucede; tomando muchos, muchos Pequeños Pasos que eventualmente llevan a manifestar mi resultado previsto. Y en el proceso, ciertamente surgen problemas".

Ted continuó, "En la Orientación del Creador, sin embargo, cultivas la capacidad de elegir qué problemas llaman tu atención. Seleccionas los problemas que mejor te den resultados, y esos son los únicos problemas que trabajas activamente para resolver.

"Es importante saber que incluso cuando adoptas la Orientación del Creador, a veces sentirás ansiedad. Como Sophia dijo tan bien, la Orientación del Creador no es solo dulzura y luz. La ansiedad y el miedo son una parte natural y normal de nuestra experiencia. Los creadores, sin embargo, aprenden cómo avanzar en sus vidas con valentía frente al miedo y la ansiedad. Y no hay garantías. Con frecuencia no sabrás si los deseos de tu corazón son alcanzables hasta después de haber invertido una gran cantidad de tiempo, esfuerzo y experimentación para hacer que el resultado visualizado se haga realidad"

Sophia agregó: "Después de que Dan y yo estuvimos separados por un tiempo, finalmente decidí abrirme a otra relación íntima. Cuando comencé a salir, explorando lo que quería en una relación, me topé con mucho miedo y ansiedad. A veces pensaba que el vínculo consciente y co-creativo que estaba esperando era solo una fantasía romántica. Salí con varios hombres antes de conocer a Jake. Cada persona que conocí, y cada experiencia que tuve mientras estaba saliendo, me ayudaron a aclarar el tipo de relación que quería".

Una bandada de pelícanos voló a lo largo de la costa a unos pocos pies por encima de las olas. Mientras seguía su vuelo, me pregunté cuánto tiempo pasaría antes de que estuviera dispuesto y listo a abrirme a una nueva relación. Me estremecí ante la idea. También sentí una punzada de tristeza al darme cuenta de que estaba mucho más seguro de lo que no quería en mi vida que de lo que quería crear. ¿Dónde empiezo? Mi mente estaba llena de preguntas. Metí mis manos en mis bolsillos e intenté darle sentido a todo.

"Creo que entiendo la idea de Pequeños Pasos: llevar el proceso de creación paso a paso", le dije. "¿Pero cómo sabes qué pasos tomar? ¿Cómo sabes por dónde empezar? ¿Dónde pongo mi foco? "

Sophia me dio un suave apretón en el brazo. "Recuerdo muy bien qué confusión de preguntas surgió cuando vi cuán diferente podría ser tomar el enfoque del Creador en mi vida. Por ese momento encontré un pasaje maravilloso de una carta que el gran poeta Rilke le escribió a un poeta más joven que había tomado bajo su protección".

Sophia metió la mano en su bolso de playa y sacó un diario, que parecía estar bien desgastado. Ella abrió el diario y buscó una página en particular. "Esto es lo que dijo Rilke.

"Sé paciente con todo lo que no se resuelve en tu corazón y trata de amar las preguntas en sí mismas, como habitaciones cerradas y libros que están escritos en un idioma muy extraño. No busques las respuestas, que no se te pueden dar porque no podrías vivirlas. Y el punto es, vivir todo. Vive las preguntas ahora. Quizás gradualmente, sin darte cuenta, vivirás un día distante a la respuesta".

Un pequeño velero se balanceaba sobre las olas, sus velas brillantes ondeando con la brisa del mar, a la deriva suavemente, con serenidad en el agua.

"Date un montón de tiempo para llegar a las respuestas por ti mismo", dijo Sophia con entusiasmo.

"Toma tiempo, mucha introspección y búsqueda profunda, para aclarar qué es lo que realmente quieres manifestar en tu vida.

La gente comenzará a mostrar quién te ayudará a enfocarte y agudizar tus resultados previstos. De hecho, Ted me invitó a conocerte para poder ofrecerte mi apoyo mientras aprendes a vivir en la Orientación del Creador. Otros me ayudaron a aprender, y me gustaría ayudarte, si quieres mi apoyo".

Cuando tomé la amable oferta de Sophia, miré hacia el océano para marcar el progreso del velero. El viento soplaba y las velas del barco estaban extendidas y llenas. Me preguntaba si una nave tan pequeña podría soportar la presión de tanta fuerza y velocidad. La tripulación se revolvió en cubierta, ajustando el aparejo. Solo esperaba que supieran lo que estaban haciendo.

Capítulo 7

TENSIÓN DINÁMICA

David, hay otro aspecto de la vida en el Creador del que sé que Ted querrá contarte", comentó Sophia. "Es la clave para crear los resultados que estás esperando". Desde que aprendí sobre esta herramienta, la utilizo para abordar casi todo en mi vida".

"Hay una manera muy simple de comprender y aprovechar el proceso de creación", dijo Ted. "La herramienta de la que habla Sophia es la Tensión Dinámica. La forma en que creas cualquier resultado en tu vida es mantener la visión de tus deseos más profundos. Al mismo tiempo, sin embargo, debes evaluar con honestidad y precisión tu situación actual y cómo se relaciona con tu mayor visión. Al hacer esto, comprometes una tensión entre lo que es y lo que puede ser. Esta tensión es la principal fuerza creativa detrás de la manifestación de cualquier resultado. Es tan natural y poderoso como la fuerza de la gravedad".

Sophia sacó la banda de su muñeca y se la dio a Ted con una sonrisa. Ted se volteó y me la dio. Él dijo: "Esto te ayudará a controlar el principio del que estoy hablando. Toma la banda y enlázala alrededor de los dedos índice y medio en cada mano. Ahora estira la banda. Tu mano derecha representa tu visión y tu mano izquierda tu situación actual. ¿Cómo se siente eso, David?

"Está apretada", le dije. "Puedo sentir la tensión entre mis manos".

"Está bien. Has comprometido la tensión entre tu visión en tu mano derecha y tu situación actual en tu izquierda. Ahora, si esa banda pudiera hablar, ¿qué crees que diría que quiere hacer en este momento?

"Quiere relajarse. Quiere que la tensión desaparezca".

"¡Correcto! Entonces, aquí está el principio: toda tensión busca ser resuelta. No es solo una realidad física, como puedes sentir al estirar la banda, también es un principio psicológico. Los seres humanos intentan resolver esa tensión todo el tiempo. Si digo "Toc, Toc!", ¿Qué quieres decir en respuesta?

"¿Quién está allí?" Todos nos reímos.

"Ese es un ejemplo de cómo resolver la tensión", dijo Ted. "Alguien dice, 'Toc, Toc!' Y hay una tensión, una expectativa. Para saber cómo resolver esa tensión, respondes: "¿Quién está ahí?" Puede ser un ejemplo tonto, pero el hecho de que las personas no les guste la tensión y tomen medidas para resolverla, ya sea consciente o inconscientemente, es un principio poderoso una vez que lo entienden y ponen en uso.

"En el caso de Tensión Dnámica, puedes resolver la tensión en cualquier dirección. Puedes soltar tu visión (tu mano derecha) y retroceder hacia tu realidad actual, o puedes moverte desde tu situación actual (tu mano izquierda) hacia tu visión. Los creadores resuelven la tensión tomando Pequeños Pasos para pasar de la realidad actual a su visión. Cuando haces esto, tocas un principio creativo poderoso y fundamental que está conectado al universo".

"Esta simple idea ha tenido un tremendo impacto en la forma en que abordo cada parte de mi vida", agregó Sophia. "Cuando decido lo que quiero crear, es absolutamente necesario darme permiso para soñar en grande, no para limitar mi visión a lo que pienso o sé que es posible".

"Pero espera un momento", le dije. "¿Qué pasa si lo que quiero crear o manifestar en mi vida es, de hecho, imposible? ¿No necesitas ser realista al elegir lo que quieres crear?

Sophia guardó silencio por un momento. Vimos como un cangrejo se enterraba en la arena un poco más arriba de la playa.

"Esa es una pregunta importante, una que debe considerarse con cuidado. Limitarse solo a lo que sabe o cree que es posible puede reducir enormemente su creatividad. Permítete soñar, David. Por ejemplo, ahora mismo, pregúntate qué harías si supieras que no puedes fallar. ¿Qué querrías, tendrías, harías o te convertirías si absolutamente todo fuera posible?

Pensé por un minuto y decidí jugar un poco con Sophia. "Me encantaría ser un centro de baloncesto profesional de siete pies de altura", exclamé. "Pero eso no es probable, dado el hecho de que soy un hombre de mediana edad que mide menos de seis pies de alto".

Sophia se rio entre dientes y mordió el anzuelo. "Bien, quedémonos con eso, David. Si eso es realmente lo que quieres, la clave es no soltar la visión. En cambio, pregúntate cómo puedes llegar a la expresión más cercana de esa visión, dada la realidad de que nunca serás un jugador de baloncesto de siete pies.

"Entonces, ¿qué podrías hacer si recibes una evaluación precisa de tu realidad actual?", preguntó ella. "Podrías unirte a una liga masculina de baloncesto y jugar con esa visión en tu mente como una expresión de fantasía de tu deseo. Tal vez podrías ser voluntario para entrenar a

niños que tienen el potencial
de crecer a una altura mayor
y desarrollar la agilidad
y la habilidad necesarias
para jugar al baloncesto
profesionalmente. Entonces,
quién sabe, dentro de quince años
podrías estar sentado un domingo
por la tarde en un juego profesional de
baloncesto viendo un centro de siete
pies en la cancha que solía ser uno de los
chicos que entrenaste en la Liga de Parques
y Recreación. En ese caso, podrías decir
que hubo una parte de ti que, de hecho, se
convirtió en un centro de siete pies".

Sophia continuó, "Cada uno de los
Pequeños Pasos que tomas para avanzar en la
dirección de tu sueño te ayuda a tener más claridad sobre
la forma que puedes tomar el sueño. Si bien la realidad
es que nunca vas a medir siete pies o jugar al baloncesto
profesional, manteniendo tu visión y prestando atención
a la realidad actual, puedes crear una forma de expresar
esa visión en una forma diferente".

Sophia expuso su punto. Todo lo que podía hacer era
sonreír y asentir. "¡Lo tengo!"

TRATANDO CON LA ANSIEDAD

"Sophia dio un gran ejemplo de cómo funciona la Tensión Dinámica, o puede funcionar", dijo Ted. "Hay otro aspecto de la Tensión Dinámica, sin embargo. Estar

consciente de ello te permitirá utilizar de manera consciente y efectiva la Tensión Dinámica para crear los resultados deseados. ¿Recuerdas lo que dijimos hace unos minutos sobre cómo la Orientación del Creador no es solo dulzura y luz? "

"Bien", dije. "También requiere mucho trabajo".

Ted asintió, "Es importante recordar que la ansiedad e incluso el miedo son parte de la experiencia humana, y que estos desagradables estados emocionales muy a menudo cobran aliento cuando comenzamos a trabajar creativamente con Tensión Dinámica. Ayuda a ser consciente de que la ansiedad es parte de la experiencia de manifestación. La ansiedad tiene aspectos positivos, como la excitación y la euforia, pero también puede surgir de formas que limitan tu efectividad. En otras palabras, ¡puedes tener tu ansiedad pero no dejes que tu ansiedad te tenga!"

"Me tomó un tiempo entender realmente la diferencia entre mis propios sentimientos de ansiedad y el sentido de Tension Dinámica: la fuerza creativa en la Orientación del Creador", agregó Sophia. "Tengo un amigo que realmente me ayudó a entender la diferencia. Él solía enseñar paracaidismo en la Fuerza Aérea. Una noche compartía el principio de la Tensión Dinámica con él, y señaló que la euforia que sentía al saltar de un avión no era lo mismo que la gravedad, la fuerza que lo empujaba hacia la tierra al caer. La fuerza de la gravedad, me dijo, *contribuía* a su sensación de euforia, pero la euforia y la gravedad no es lo mismo. Del mismo modo, la fuerza de la Tensión Dinámica no es la misma que la sensación de ansiedad que surge a menudo cuando accedemos a ella".

Medité eso por un momento. Entendí la diferencia, pero para mí no estaba claro por qué era tan importante.

"Vivir y trabajar en la Orientación del Creador es un proceso consciente. La ansiedad es como un mono travieso parloteando en tus pensamientos. Si no te mantienes al tanto de sus travesuras, puede llevarte fácilmente a la Orientación a la Víctima ", dijo Ted.

"¿Cómo?" Pregunté.

"¿Recuerdas el Estado Interno de la Orientación a la Víctima que dibujé en la arena ayer?"

"Fue ansiedad", recordé.

"Sí", dijo Ted. "Y si permites que la ansiedad te empuje

a reaccionar, limitarás la efectividad que la Tensión Dinámica te ofrece a medida que intentas crear un resultado. Entonces, David, crea de nuevo la tensión entre tus dos manos con la banda. Ahora, si confundes la ansiedad con la tensión entre tu visión, tu mano derecha y tu realidad actual, tu mano izquierda, tenderás a reaccionar para liberar la tensión, esperando que se deshaga la ansiedad. Hacer esto puede hacerte sentir mejor pero no te ayudará a crear los resultados que deseas. Entonces, ¿qué podrías hacer ahora para liberar la tensión?.

"Umm". Miré mis manos. "Probablemente lo más fácil sería soltar mi visión". Moví mi mano derecha hacia la izquierda.

"¡Absolutamente! Lo más fácil sería comprometer tu visión. Podrías soltar o reducir tu visión. Puedes convencerte de que lo que quieres crear no es realista o imposible, o que no es digno de un sueño tan noble. Entonces te conformarás con algo menos que los verdaderos deseos de tu corazón. La realidad, sin embargo, es que no puedes invertir tu alma en un compromiso".

Al ver mi frente arrugada, Sophia agregó: "Déjame darte un ejemplo. Hace aproximadamente un año, decidí cambiar de trabajo, pasar a una profesión en la que pudiera usar los principios de Ted en mi trabajo.

Estaba trabajando como gerente en el departamento de procesamiento de préstamos de un banco, y realmente había temido ir a trabajar, sin mencionar tratar con mi difícil jefe. Anhelaba un trabajo más satisfactorio pero no podía permitirme irme sin tener un nuevo trabajo que tomara su lugar, así que tomé la primera oferta que surgió. Fui a trabajar como entrenadora de otra compañía. Pensé que el compromiso era lo más cercano que iba a poder llegar a lo que realmente quería. Terminó siendo el movimiento equivocado. Ahora me doy cuenta de que me conformé con algo mucho menos que el resultado previsto".

"Entonces, ¿qué hiciste?", le pregunté.

"Bueno, todavía estoy trabajando en resolverlo. Todavía estoy en ese trabajo y hago mi mejor esfuerzo. Al mismo tiempo, estoy trabajando con una entrenadora para aclarar mi visión de lo que quiero que sea mi trabajo. Me doy el tiempo para aclararme mucho antes de hacer más cambios".

Ted asintió. "Entonces podrías comprometer tu visión para resolver la tensión y eliminar la ansiedad que puedas sentir; es la reacción más fácil, más inmediata y más común. La otra forma es en realidad mucho más sutil; tiene que ver con cómo evalúas tu realidad actual. Es muy fácil no decir la verdad sobre tu realidad actual- negarla, minimizarla o racionalizarla. Hay muchas maneras de sombrear la verdad o darle un cierto giro a la situación actual al decirse a sí mismo que no es tan mala o tan buena como parece".

Sophia se rio suavemente. "Mi trabajo actual es en realidad el resultado de ambas formas de reaccionar. No solo me conformé con algo menos de lo que quería, sino que cuando me entrevistaron para el puesto de entrenadora, me dije que probablemente podría crear un programa de entrenamiento una vez que ingresara a la organización. Incluso deseché el comentario del reclutador de que consideraban que el coaching era una función del departamento de relaciones con los empleados en lugar del grupo de entrenamiento".

"Una de las claves para aprovechar el poder de la Tensión Dinámica es decirte la verdad sobre tu realidad actual", dijo Ted. "Este suele ser el aspecto más desafiante del proceso de manifestar un resultado, porque las personas tienden a ver la realidad como más optimista o más sombría de lo que realmente es. Decir la verdad en este sentido significa ser lo suficientemente objetivo y desapegado como para ver la realidad tal como es sin etiquetarla como buena o mala".

"No es tan fácil como parece", agregó Sophia. "Tengo una cita en mi cartelera de anuncios en el trabajo para recordarme este principio. Lo veo todos los días. El amigo que me lo dio dijo que era de un ex ejecutivo corporativo. Dice: "Lo que determina tu destino no es la mano que te dan sino cómo mueves la mano". Y la forma de mover la mano es ver la realidad tal como es y actuar en consecuencia. "Ese es el desafío: ver la realidad tal como es".

Ted dijo: "Prestar atención a lo que es verdad en cada punto del camino mientras continúas manteniendo tu visión te permite tomar decisiones realistas sobre qué Pequeños Pasos tomarás para acercarte más a tu objetivo. A medida que avances, puedes resolver la tensión cambiando tu situación, modificando tu visión a medida que se aclara sobre su forma final, o encontrando un camino completamente nuevo que te llevará a tu destino.

"Al mismo tiempo, David, es importante ser realista sobre cómo se ve el progreso hacia adelante. La forma de crear no es una curva de logros suave y continua ascendente. Algunos de los pasos que tomas pueden terminar siendo desvíos o errores sin solución de salida. Sin embargo, si te mantienes enfocado en tu visión, encontrarás incluso esos pasos útiles en el proceso de creación. No hay nada como un Pequeño Paso perdido.

Cada paso te llevará más cerca o más lejos de lo que pretendes crear. Y ese proceso te dará información invaluable para impulsarte hacia adelante. Si continúas aplicando estos principios, te garantizo que lograrás resultados notables y a menudo impredecibles a lo largo de tu vida".

"Ted tiene razón. La forma de ser el Creador puede ser bastante mágica", reflexionó Sophia. "Los Pequeños Pasos nos ayudan a movernos a tiempo desde nuestra realidad actual hacia una visión. Muchas veces, un Pequeño Paso es solo eso: una acción gradual que sirve a tu visión. Pero hay otras veces..."Su voz se apagó, y noté que tenía los ojos húmedos.

"Otras veces", continuó, "suceden las cosas más asombrosas". Yo las llamo hermanas gemelas:

Sincronicidad y Casualidad (Serendipia). Es cuando ocurren eventos impredecibles y espontáneamente útiles. Algo que necesito aparece justo cuando lo necesito. Abro una revista o un libro en la página correcta que responde a una pregunta importante o que me inspira a adoptar un enfoque más eficaz. O la persona adecuada entra a mi vida en el momento justo".

Un escalofrío involuntario de afirmación corrió por mi columna. Miré hacia la Orientación del Creador que Ted había dibujado en mi diario. Miré hacia la extensión del mar, las olas azules se extienden más allá de mi línea de visión. Me volteé hacia Ted y Sophia, y ambos sonrieron.

"Te refieres a estos últimos dos días", dije.

Sophia asintió, "No es un accidente que hayas venido a este lugar y tenido esta conversación en este momento de tu vida. Tu elección de contemplar, de adoptar una nueva postura de vida y una nueva forma de ser, nos abrió la puerta para que Ted y yo nos encontráramos contigo. Si seguimos trabajando juntos o no después de hoy, estoy seguro de que siempre seremos amigos en el camino".

"¡Sí, amigos en el camino!" sonrió Ted. "Y David, mientras vives tu vida desde la Orientación del Creador, descubrirás que tus nuevas relaciones adquieren una calidad muy diferente a la que experimentaste en la Orientación a la Víctima. Ahora tienes el potencial de dejar atrás el Temido Triángulo Dramático. En todas tus relaciones, profesionales y personales, ahora puedes entrar en un nuevo marco: Empoderamiento Dinámico".

Capítulo 8

EL EMPODERAMIENTO DINÁMICO

El día era vibrante y los sonidos de la vida repercutían en todas partes. Las gaviotas volaban en círculos sobre el oleaje, peleando sobre qué botín pertenecía en cuyo pico. Las familias y las parejas ocuparon sus lugares en la playa, mientras que algunas personas caminaban solas y estaban, como yo, absortas en sus pensamientos.

No podía dejar de pensar en esta nueva orientación de vida, cómo estaba adquiriendo las herramientas para crear una vida más satisfactoria. Me pregunté qué significaría todo eso en el futuro. Cualquiera que sea el cambio, me sentía listo.

En ese momento, sentí a alguien cerca y miré por encima del hombro. Ted se había levantado de la roca e hizo un gesto delante de nosotros. "Caminemos hacia la costa", dijo. "Hay algo más que quiero dibujar sobre la arena para ustedes".

Los tres paseamos por la orilla, Ted y yo a cada lado de Sophia, quien unió sus brazos con los nuestros. Parecía que éramos tres viejos amigos, con una naturalidad sorprendente. En unos momentos nos detuvimos. El área parecía relativamente libre de bañistas. Ted dibujó otro triángulo con la punta de su bastón.

"La Orientación del Creador desafía cada suposición y actitud que la Orientación a la Víctima sostiene como verdadera", dijo Ted. "Un Creador coloca los problemas en el lugar que le corresponde, haciendo que el miedo se desvanezca y afloje su control. En su lugar, la pasión, el deseo e incluso el amor se convierten en su principal motivación. Aunque el miedo aún surge de vez en cuando, la postura del Creador aumenta su capacidad de lidiar con la ansiedad de maneras que mejoran su creatividad. En lugar de reaccionar constantemente ante tus circunstancias (el modo de la Víctima) comienzas a crear tu experiencia, lo que significa, por supuesto, que también creas un nuevo conjunto de relaciones.

"Estas nuevas relaciones son el poderoso antídoto contra los roles de Víctima, Perseguidor y Rescatador del Temido Triángulo Dramático. Al asumir la Orientación del Creador, introduces un nuevo conjunto de dinámicas que apoyan en lugar de sabotear tu felicidad. Se llama El Empoderamiento Dinámico. Mi apodo, Ted, viene de las iniciales de *The Empowerment Dynamic* (El Empoderamiento Dinámico)".

"¿Entonces Ted no es tu verdadero nombre?", le pregunté.

"¡Es mi verdadero nombre ahora!" Ted rio entre dientes. "No me importa compartir las iniciales con El Empoderamiento Dinámico".

Sophia tocó el brazo de Ted. "David", se volteó hacia mí, "antes de que Ted describa este nuevo triángulo de relaciones, quiero estar seguro de algo. ¿Sabes lo que es un antídoto?

"¿No es la cura para una enfermedad o un trastorno, algo así?"

"Parecido", sonrió Sophia. "Es un remedio que contrarresta los efectos de un veneno". TED * - El Empoderamiento Dinámico - contrarresta el veneno del DDT, el Temido Triángulo Dramático. TED* es el antídoto contra el DDT".

Ted explicó: "Cada uno de los roles en TED* es también un antídoto para su contraparte en el DDT. El **Creador** es el antídoto para el rol de Víctima. El antídoto para el rol de **Perseguidor** es el **Empoderado** (comentaré más sobre eso en un minuto). Y en El Empoderamiento Dinámico, el soporte no proviene de un Rescatador sino de un Coach".

Ted se arrodilló y con su dedo escribió las letras *Cr* (Rol del Creador) en la parte superior del nuevo triángulo.

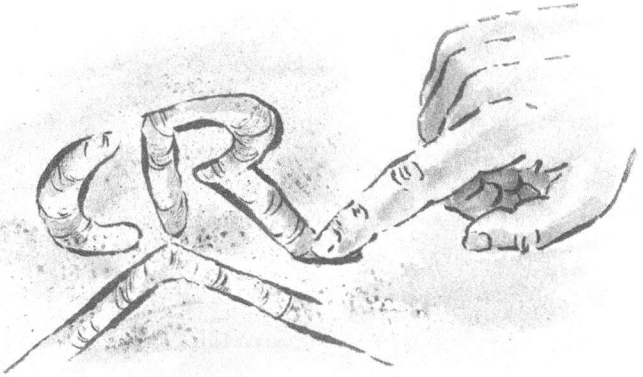

EL ROL DEL CREADOR

"El rol central en El Empoderamiento Dinámico es el Creador", explicó Ted. "En realidad, las tres funciones comparten las características del Creador, al igual que las tres funciones del DDT están orientadas a las Víctimas".

Podrías pensar en el Creador como la luz y en la Víctima como la sombra. Mientras que la Víctima no tiene poder, un Creador reclama y aprovecha su poder personal para elegir una respuesta a las circunstancias de la vida. Ahí reside el poder del Creador para manifestar un resultado deseado".

Un Creador está enfocado en la visión y motivado por la pasión. Para vivir realmente en tu Ser Creador, tendrás que hacer el trabajo interno necesario para encontrar tu propio sentido de propósito y pasión: lo que sea que toque tu corazón y tenga significado para ti".

"Adoptar una postura de Creador comienza simplemente haciendo una elección. Tú decides y declaras eso en tu corazón, mente y alma, realmente eres un Creador, no una Víctima ", dijo Sophia. "Como dije antes, pasé los primeros meses después de conocer a Ted simplemente haciendo esa elección todos los días, sintiendo cada vez más lo que significaba vivir como un Creador. Me tomó algo de tiempo aclarar lo que quería crear en mi vida. Al principio, todo lo que sabía era que ya no podía vivir como una Víctima. Me tomó un tiempo aprender exactamente cómo podía salir de la postura de Víctima y entrar en la Orientación del Creador".

En el agua, un surfista tomaba una ola y se montaba a medida que la ola ascendía y gradualmente disminuía.

"Suena casi demasiado bueno para ser verdad", dije.

"Quiero decir, vivir mi vida desde la Orientación del Creador será un cambio maravilloso en comparación con lo que me he acostumbrado".

Sophia sonrió y señaló hacia el surfista. "Vivir tu vida desde la perspectiva del Creador es como lo que hace ese tipo, como montar una ola. Todavía habrá oleadas de cambios en su vida y tendrá que aprender a montarlos. Algunos de los cambios surgirán de tus propias elecciones y otros de circunstancias que escapan a tu control. A veces las olas te lanzarán a un espiral y otras veces las surfearás con destreza, facilidad y gracia. Incluso cuando las olas te arrojen, aprenderás de la experiencia y continuarás creciendo. Al igual que un surfista cuya atención y enfoque pueden hacer que su viaje sobre una ola sea una poderosa experiencia de belleza y gracia, al vivir en la Orientación del Creador y El Empoderamiento Dinámico, con el tiempo aprenderá a navegar por la vida tan hábilmente que a veces te sorprenderá incluso a ti mismo".

Vi que el surfista cabalgaba en la ola hasta la orilla. Gritó de alegría, empujando su puño en el aire "¡*Sí*!" Y se dirigió hacia las olas.

"Aprenderás a amar, o al menos a aprender a montar, la variedad de olas que ofrece la vida", agregó Sophia.

"Te encontrarás realmente avanzando hacia cada nuevo desafío con creciente entusiasmo". Acoger tus experiencias como Creador es una forma poderosa de vivir".

"Un Creador tiene una relación especial con el poder", dijo Ted. "El tipo de poder que cultiva un Creador no es el poder sobre los demás: ese es el poder del Perseguidor. En cambio, un Creador aprovecha el poder de crear. El poder para y el poder con son el dúo dinámico de la Orientación del Creador.

"Los creadores comparten el poder con los demás, ante todo porque ven a los demás como creadores por derecho propio. En verdad, un Creador es en realidad un Co-Creador, como él o ella presta servicio a otros mientras que al mismo tiempo reciben apoyo de ellos. Los creadores también reciben apoyo de maneras que pueden parecer misteriosas, a partir de fuerzas invisibles que parecen ser de naturaleza espiritual. Las experiencias de sincronicidad y casualidad a las que se refirió Sophia son manifestaciones invisibles, pero muy presentes, del co-creador en acción.

"A medida que un Creador entra en relación con otros Creadores, juntos apoyan a otras personas a jugar los dos roles adicionales que completan El Empoderamiento Dinámico: Empoderado y Coach".

EL ROL DEL EMPODERADO

"El Empoderado tiene muchas caras", continuó Ted. El más común es el que provoca a otros a tomar medidas. El Empoderado puede ser compasivo o conflictivo, o ambos. Un Empoderado convoca la voluntad de crear de un Creador, a menudo motivándolo

a aprender nuevas habilidades, tomar decisiones difíciles o hacer lo que sea necesario para manifestar un sueño o deseo. El Empoderado es un tipo de profesor que apunta hacia las lecciones de la vida, hacia las oportunidades de crecimiento integradas en el pasar de la vida.

"Al igual que la relación del Perseguidor con la Víctima, el Empoderado para un Creador generalmente es una persona, pero también puede ser una condición o circunstancia. Todas las experiencias de vida son, en cierto sentido, maestras, desafiándonos a crecer y evolucionar. Aunque el Perseguidor indudablemente provoca una reacción, el Empoderado provoca una respuesta animando a un Creador a adquirir nuevos conocimientos, habilidades o percepciones. Ambos roles inician el cambio, pero de diferentes maneras".

Ted se inclinó y marcó *Ch* (Empoderado) en la arena en una esquina del triángulo.

Sophia dijo: "Una vez trabajé para un gerente que fue una de las personas más difíciles que he conocido. Él presionó todos mis botones emocionales. Pero al recordar la experiencia de trabajar con ella, me doy cuenta de lo mucho que aprendí. Aprendí a cómo no tratar a los demás, por un lado. Estar en esa situación también me obligó a aclarar el trabajo que realmente quería hacer, y a aprender a mantenerme centrada frente a lo que fácilmente podría haber llamado un difícil Perseguidor".

Ted sonrió. "Recuerdo, Sophia, cómo luchabas con tu gerente en ese momento. Los Empoderados que entran en tu vida, David, pueden ser de naturaleza constructiva o deconstructiva. Los desafíos constructivos provocan la mejora o el desarrollo de algún tipo. Ellos persuaden, engatusan y atraen a moverse en las direcciones de los deseos de su corazón. Este tipo de Empoderado es un profesor que desafía tus nociones preferidas, tu visión del status quo. La mayoría de las veces, los Empoderados constructivos son conscientes de lo que están haciendo cuando te desafían. Te ven como un Creador, y fomentan tu aprendizaje, crecimiento y desarrollo.

"Los Empoderados Deconstructivos, por otro lado, hacen que separes tu experiencia para aprender de ella. Estos profesores pueden ser personas, condiciones o circunstancias no deseadas, como una relación que te enseña a enfrentar algo difícil por ti mismo, especialmente algo que está inhibiendo tu capacidad de crear. Para Sophia, su gerente era uno de ellos. Un Empoderado deconstructivo podría ser un evento que lo despierte a posibilidades o problemas para los cuales puede descubrir una solución creativa.

"Incluso este tipo de Empoderado otorga un gran regalo, aunque rara vez se siente de esa manera. El obsequio suele ser de claridad, mostrándote lo que quieres o no quieres, lo que necesitas dejar atrás o lo que debes aprender para no repetir una experiencia dolorosa".

Sophia se volteó hacia mí viéndome con compasión, y sentí que la pregunta se acercaba. "¿Quién o cuáles han sido tus Empoderadores, David?

"Revisé mis problemas por un momento. La muerte de mi padre, mi infertilidad y el retiro emocional de mi ex esposa, todos fueron Empoderadores, sin lugar a dudas.

"La muerte de mi padre me empoderó a desarrollar mi sentido como adulto". Estaba pensando en voz alta.

"Solía desafiarme a considerar el impacto que estaba haciendo. Él me enseñó a preguntarme siempre si estaba dejando a otras personas o situaciones mejor de lo que las encontré. Esa fue su medida personal de éxito, y cuando murió adopté esa medida dentro de mí de forma más completa. Puedo ver el ejemplo que él me dio y cómo su muerte fue un Empoderado constructivo en mi vida.

"Mi infertilidad es un poco más complicada, sin embargo. Ciertamente ha sido un Empoderado deconstructivo. Me hizo hacer un inventario de muchas cosas, especialmente de cómo veo mi contribución en el mundo. No poder ser padre de mis propios hijos es una gran pérdida, pero también sé que hay muchas oportunidades de engendrar hijos en el papel de padrastro o padre adoptivo, o de ser voluntario en una organización de servicio comunitario como mentor de los jóvenes. Últimamente, también me di cuenta de que mi contribución puede tener más que ver con lo que ofrezco a través de mi trabajo.

"Mi ex esposa también era un Empoderado deconstructivo. Su retirada de nuestro matrimonio, que ahora puedo ver con un poco más de compasión, me hizo pensar en lo que realmente quería en una relación. Sé que quiero una relación sana, pero no estoy completamente seguro de cómo se ve. Tengo mucho que aprender y explorar antes de estar listo para abrirme a una nueva relación íntima".

Sophia sonrió amablemente. "David, ya estás haciendo el trabajo de un Creador. Para poder ver esas experiencias en las que te has visto a ti mismo como una Víctima, verlas ahora como Empoderado que te han enseñado algo, ¡ese es un gran paso! Es uno de los principales cambios en la conciencia que trae TED*. Ya estás transformando tu relación con tus experiencias de vida".

"Ver que tienes mucho que aprender y explorar nos lleva al tercer rol en El Empoderamiento Dinámico: el Coach", comentó Ted.

EL ROL DE COACH

Al escribir *Co* (Coach) en la esquina inferior derecha de su dibujo en la arena, Ted preguntó: "¿Qué te viene a la mente cuando piensas en un coach, David?"

"Pienso en los deportes...tal vez en un coach de fútbol o en un coach de baloncesto", le dije.

"El rol de Coach en El Empoderamiento Dinámico es un poco diferente. En el mundo de los deportes, un coach no participa activamente en el campo de juego. El coach está al margen, diseñando estrategias y ayudando a coordinar los esfuerzos individuales de los miembros del equipo, con el objetivo de ganar el juego. Un buen coach deportivo ayuda a sus jugadores a creer que pueden ganar, o al menos dar lo mejor de sí mismos, al guiarlos a desarrollar las habilidades y actitudes que conducen al éxito.

"Un coach en El Empoderamiento Dinámico comparte esa característica de apoyo con un coach deportivo. Pero hay al menos una diferencia clave entre un coach deportivo típico y un Coach en El Empoderamiento Dinámico.

"Un Coach de TED* está completamente involucrado en el campo de juego, la Orientación del Creador, en su propia vida. Primero y ante todo, un Coach sabe que él o ella es un Creador, y también ve a otras personas como Creadores.

"El Coach es el antídoto contra el Rescatador de la víctima en el DDT. Mientras el Coach y el Rescatador intentan apoyar a la otra persona (la Víctima o el Creador), el Rescatador en realidad extrae el poder de la Víctima y refuerza su impotencia. Un Coach deja el poder con el Creador y solo busca ayudar a facilitar su progreso personal. Un Coach es la encarnación del deseo del Creador de compartir el poder con otro".

Sophia miró a Ted y juguetonamente señaló el *tiempo de espera*. "Espera, Coach! David, déjame compartir parte de mi experiencia trabajando con diferentes tipos de Coaches. He tenido la suerte de contar con varios Coaches excelentes, incluido este tipo aquí".

Sophia y Ted se miraron a los ojos y se rieron entre dientes. Su ligereza levantó mi espíritu.

"Cuando Dan y yo nos separamos por primera vez, trabajé con una terapeuta dinamita y licenciada en trabajo social. Ella hizo muchas preguntas acertadas que me ayudaron a investigar mi pasado para poder comenzar a entender las fuentes de algunos de los patrones de conducta que contribuyeron al colapso de nuestra relación. Luego ella me ayudó a comenzar a liberarlos y reemplazar los viejos comportamientos con formas más funcionales de vivir en relación.

"Estaba trabajando con ella cuando conocí a Ted.

Así como él está compartiendo contigo, él me ayudó a abrirme a una forma completamente diferente de pensar y a ver que podía crear un futuro que no estaba ligado a mi pasado. Como resultado de mis conversaciones con Ted, decidí comenzar a trabajar con un coach certificado, que me ayudó a aclarar lo que quería y desarrollar estrategias para crear resultados. Los tres, la terapeuta, Ted y el coach certificado, actuaron como Coaches para mí porque apoyaron mi propia exploración".

Ted añadió: "Un Coach en El Empoderamiento Dinámico no necesariamente necesita capacitación profesional, como la terapeuta y el coach profesional con los que Sophia trabajó. Un Coach puede ser simplemente un amigo de confianza, que sé que he sido para Sophia. Es cierto, sin embargo, hay momentos en los que puede ser importante trabajar con un profesional.

"Un Coach apoya, ayuda y facilita a un Creador a manifestar un resultado deseado. Un Coach considera que los demás son integrales, ingeniosos y creativos. Los Coaches no consideran a los que acuden a ellos en busca de apoyo como destruidos de alguna forma o necesitados de solución, que es el punto de vista del Rescatador. En cambio, un Coach ayuda a otros a ver nuevas posibilidades, les ayuda a atreverse a soñar".

"Así es", intervino Sophia. "Un Coach es una fuente de conocimiento, pero no le dice a un Creador lo que debe o no debe hacer. En cambio, hace muchas preguntas acertadas y escucha atentamente lo que un Creador dice mientras piensa, investiga y expora. Un Coach está constantemente alerta a la posibilidad. Mis Coaches pueden ver posibilidades que pueden ser invisibles para mí; ayudan a encender mi inspiración, y están comprometidos con mi éxito mientras forjo mi propio camino en la vida. Dicen: 'Voy a estar a tu lado, no importa qué', y lo dicen en serio. Sin embargo, lo que no dicen es 'Aquí, déjame arreglarlo por ti' o, lo que es más importante, '¡Déjame arreglarte!', que es el enfoque del Rescatador.

"Cuando comencé a trabajar con un coach profesional, él compartió la definición de un coach de la International Coach Federation". Sophia volvió a abrir su diario, encontró la página que estaba buscando y me la entregó. Leí la definición que ella había escrito:

Los Coaches profesionales proporcionan una asociación continua diseñada para ayudar a los clientes a producir resultados satisfactorios en sus vidas personales y profesionales. Los Coaches ayudan a las personas a mejorar sus actuaciones y mejorar la calidad de sus vidas. Los Coaches están entrenados para escuchar, observar y personalizar su enfoque a las necesidades individuales de los clientes. Buscan obtener soluciones y estrategias del cliente; ellos creen que el cliente es naturalmente creativo e ingenioso. El trabajo de coach es proporcionar apoyo para mejorar las habilidades, recursos y creatividad que el cliente ya tiene.

"Tener ese tipo de apoyo debe ser increíble", le dije.

"He trabajado con una terapeuta antes, así es como me enteré del Triángulo Dramático de Karpman. Y puedo ver cómo ella actuó como entrenadora, de alguna manera, en la forma en que me ayudó a explorar. Pero si no estás entrenado profesionalmente, ¿Cómo hace un entrenador para trabajar con un Creador?"

Sophia se acercó y sacó la banda de ejercicio del bolsillo de Ted. Ella la extendió entre sus dos manos como lo había hecho antes. "Una forma realmente efectiva es usar Tensión Dinámica. Puedes ser un Coach para otros haciéndoles preguntas que los ayuden a obtener claridad sobre lo que quieren crear en la vida. Ayúdelos a evaluar su realidad actual, tanto lo que es útil para crear su visión como lo que inhibe y obstaculiza el camino. Luego explore con ellos los Primeros Pasos posibles a los que puedan comprometerse. Eso comenzará a hacer

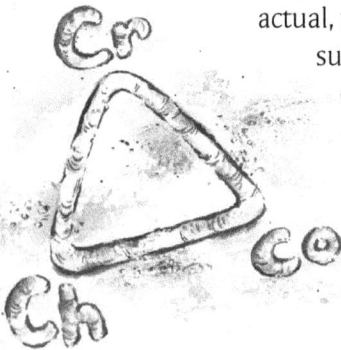

realidad los deseos de su corazón. Lo principal es recordar ver al otro como Creador, ser curioso y hacer preguntas acertadas para ayudarlos a aclarar, escuchar y apoyarlos en su propio proceso de autodescubrimiento".

"Un Coach cultiva el empoderamiento y la esperanza en el corazón de un Creador", señaló Ted. "En su mayor parte, un Coach se enfoca hacia delante y hacia el futuro, apoyando a un Creador para que aprenda del pasado y de las realidades actuales. De vez en cuando, un buen Coach asumirá conscientemente el rol de Empoderado constructivo. En última instancia, un Coach ayuda a un Creador a tomar posesión y asumir el poder personal, para que pueda responder consciente y deliberadamente a las circunstancias de la vida. Con la ayuda de un Coach, un Creador puede permanecer centrado en la Orientación del Creador. Mantenerse centrado le permite ser mucho más efectivo en el mundo exterior, ya que puede enfocarse en los resultados previstos y elegir su respuesta a lo que surja, ya sea fácil o desafiante".

"Realmente suena demasiado bueno para ser verdad", le dije.

"Como hemos dicho", respondió Sophia, "TED* no es todo dulzura y luz. Incluso en esta forma de ser, podemos sentir el peso de las circunstancias y perder de vista lo que es más importante para nosotros. Esos son los momentos en los que más necesitamos un Coach. Todos enfrentamos problemas y desafíos que ponen a prueba nuestra fortaleza, pero a medida que nos enfrentamos y encontramos nuestro camino a través de ellos, crecemos en fortaleza, sabiduría y compasión, y estos dones los podemos compartir con los demás. Los tiempos difíciles son el fuego en el cual nuestro personaje del Creador se vuelve fuerte e íntegro".

Miré a Sophia, luego a Ted, luego al triángulo de Ted en la arena. Me sentí casi mareado al considerar la posibilidad de vivir de esta manera. ¿Cómo sería mi vida, centrada en una posición de empoderamiento, con el apoyo de excelentes Coaches para ayudarme a comprender y responder de forma creativa a mis Empoderados?

Miré hacia el mar y luego hacia la orilla, hacia el banco donde Ted y yo nos habíamos encontrado. A lo lejos, en el agua, el pequeño velero había recorrido la costa. Las gaviotas, los surfistas y los bañistas continuaban subiendo y bajando por la playa, mientras el estrépito de las olas nos rodeaba.

"De seguro preferiría vivir mi vida como un Creador. Estoy cansado de revolcarme en el DDT. Se ve tan fácil en papel, o en la arena. Pero tengo tantos años de práctica y habito viviendo el Temido Triángulo Dramático. Sé que los tres de esos roles van hacia adelante y hacia atrás. ¿Cómo hago el cambio de DDT a TED*?"

"Aahhh", dijo Ted, "esa es una pregunta importante, David. ¡Exploremos cómo sucede el Cambio!"

Capítulo 9

HACER QUE EL CAMBIO OCURRA

Tal vez has escuchado esto antes", comentó Ted. "No eres un ser humano que busca una experiencia espiritual; eres un ser espiritual que tiene una experiencia humana. Es verdad. Todos los seres humanos son seres espirituales, pero la mayoría camina sonámbulo a diario. No están conscientes de la realidad de que tienen una mayor capacidad de elección de la que conocen.

"El círculo vicioso creado por la Orientación a la Víctima y el Temido Triángulo Dramático atrae a las personas a las profundidades más oscuras de la experiencia humana y genera desesperanza. Anhelan a alguien mágico o algo para correr a su rescate. Pero no importa cuánta mala suerte tiene la experiencia humana, la Orientación del Creador y El Empoderamiento Dinámico proporcionan una perspectiva más amplia. Esto es lo que quiero decir sobre ti tomando una perspectiva espiritual. En lugar de un círculo vicioso de reacción, esta perspectiva ofrece un ciclo virtuoso de crecimiento y desarrollo a cualquiera que lo adopte. Piénsalo de esta manera, David. Tu vida es una especie de laboratorio de aprendizaje en el que experimentas constantemente con tu conocimiento superior, siempre aumentando tu capacidad para diseñar tu vida y elegir tu respuesta a lo que te sucede".

"Los seres humanos deben crear; está relacionado. La realidad es esta: ¡no puedes *no crear*! La pregunta es, ¿estás creando conscientemente o caminando sonámbulo en tu vida, simplemente reaccionando a lo que viene hacia ti?"

"Si bien es posible que no causes directamente todo lo que te sucede, tienes la capacidad de elegir tu respuesta a las circunstancias. Y tienes mucha más responsabilidad por lo que aparece en tu vida de lo que quizás quieras admitir. Uno de los mayores desafíos es despertar a esta realidad, hacer que el cambio ocurra a diario y trabajar para mantenerte despierto".

"Eso me recuerda a Víctor Frankl", dijo Sophia. "Era un psicólogo que estuvo encarcelado en los campos de exterminio nazis durante la Segunda Guerra Mundial. Vivió dificultades indescriptibles y fácilmente podría haber calificado como una víctima. Durante ese tiempo, sin embargo, Víctor Frankl tenía una revelación alucinante. Tengo una cita de él escrita en mi diario aquí. "Todo se puede tomar de una (persona) menos una cosa: la última de las libertades humanas: elegir la actitud de uno en cualquier serie de circunstancias, elegir el propio camino." ¡Para mí, eso es una declaración del Creador! "

Miré hacia el océano. "Tengo que decir que todo esto se siente un poco abrumador. Es mucho para asimilar y para asumir.

"Sophia respondió:" Lo sé, David. Cuando Ted y yo tuvimos esta conversación por primera vez, sentí la mezcla más extraña de excitación y miedo. En este momento estás configurando un nuevo curso. Va a afectar el resto de tu vida, así que tómalo con calma. Vive un día a la vez. El viaje comienza con la elección fundamental de vivir desde la Orientación del Creador".

La descripción de Sophia encaja perfectamente. En la boca del estómago, se agitaba un extraño cóctel de emociones.

"Trate de usar su propia Tensión Dinámica, esas emociones mixtas, eligiendo vivir conscientemente como un Creador", continuó. "Todos los días, echa un vistazo a tu realidad actual. ¿Cuándo y dónde aparecen los viejos hábitos de Orientación a la Víctima? Del mismo modo, ¿cómo es cuando estás alineado con la Orientación del

Creador? Presta atención a estas nuevas elecciones y comportamientos, y ¡celebrémoslos! Sigue tomando los Pequeños Pasos que transformarán la reactividad del DDT y la Victimización en tu nueva forma de ser".

"Suena muy fácil", le dije.

"Como dije antes, es simple pero no siempre fácil", dijo Sophia. "Es importante desarrollar el hábito de notar las elecciones que estás haciendo. Paso alrededor de veinte minutos cada mañana haciendo esto. Me siento en silencio y pronuncio una pequeña oración de gratitud por mi despertar. Luego invito a un guía para que mi vida sea más completa como Creador. Termino afirmando que elijo vivir de esta manera, cultivando relaciones TED* que ofrecen apoyo mutuo. Dedico unos minutos a recordar cómo lo hice el día anterior para avanzar hacia las elecciones del Creador. Luego decido sobre tres acciones de Primeros Pasos que tomaré ese día. Por lo general, son cosas como tener una conversación particular o leer un artículo o hacer una cita. Es sorprendente cómo esos Primeros Pasos dan ímpetu y propósito a mi día.

"Hay dos criterios importantes para definir un Primer Paso. En primer lugar, que sea algo factible, algo sobre lo que realmente puedo tomar medidas. El segundo es que es 100% hecho por mí. Ese segundo criterio realmente me hace parar a veces porque me obliga a aclarar mi responsabilidad y el hecho de que no puedo hacer que otra persona dé un paso por mí. Es factible y es 100 por ciento mío: recuerda estos principios mientras eliges tus propios Primeros Pasos".

"Al final, David, estamos hablando de elección", señaló Ted. "Por un lado, se trata de elegir lo que te sientes llamado a crear y los pasos que das en el proceso de vivir hacia tu visión. En el otro lado, también eliges tu respuesta a lo que aparece en tu vida, ya sea como una respuesta consciente o una reacción inconsciente. Cuando simplemente reaccionas, significa que estás

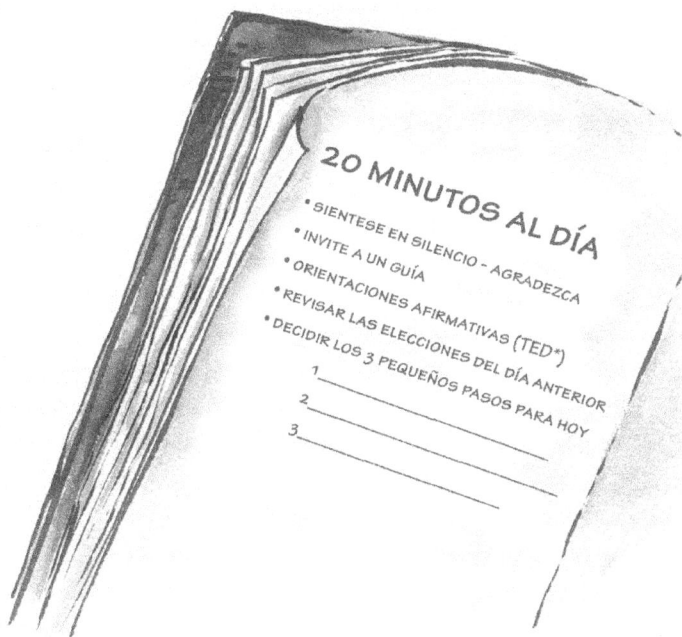

20 MINUTOS AL DÍA

- SIENTESE EN SILENCIO – AGRADEZCA
- INVITE A UN GUÍA
- ORIENTACIONES AFIRMATIVAS (TED*)
- REVISAR LAS ELECCIONES DEL DÍA ANTERIOR
- DECIDIR LOS 3 PEQUEÑOS PASOS PARA HOY

1 _____

2 _____

3 _____

eligiendo el camino de la Víctima. Si, por otro lado, te mantienes atento a la realidad actual y determinas cuál es la mejor manera de responder, has ingresado a El Empoderamiento Dinámico".

Sophia agregó, "Desafortunadamente, antes de que puedan comenzar a tomar mejores decisiones, la mayoría de la gente tiene que tocar fondo en la Orientación a la Víctima y en la dinámica del DDT. Algunas personas dicen que la locura está haciendo lo mismo una y otra vez, esperando resultados diferentes. A medida que esa forma de ser se hace más dolorosa, se abre la posibilidad de abrirse paso hacia la Orientación del Creador y TED*. Entonces, justo cuando esto te ocurre, la persona llega a ese lugar sagrado y agridulce llamado Punto de Elección".

"¿Qué quieres decir con Punto de Elección?" Pregunté.

Los ojos de Ted brillaron. "A medida que avanzas en tu experiencia diaria, en cada punto del tiempo te enfrentas a una elección sobre la Orientación y la dinámica en la que deseas vivir y el rol que vas a jugar. El Punto de Elección es ese momento en el que puedes hacer un cambio conscientemente. La forma principal que haces el cambio es eligiendo un rol más empoderado para jugar. Considerar los roles dentro de los triángulos de relación DDT y TED*. Puedes cambiar los roles para cambiar las Orientaciones".

Ted extendió su bastón y dibujó una línea vertical en la arena. En la parte superior, escribió *Cr*, y en la parte inferior escribió la letra *V*.

CREADOR ▸ VÍCTIMA

"Hay dos formas de ver el cambio de roles", dijo Ted. "Primero, puedes cambiar la forma en que te ves a ti mismo; esa misma elección comienza a hacer que el cambio suceda. En segundo lugar, puedes cambiar la forma en que ves a las personas, las condiciones y las circunstancias en tu vida; esto también crea un cambio.

"Se podría llamar a un cambio **intrapersonal**, es decir, dentro de ti mismo. Aquí es donde cambias la forma en que te encuentras con tu experiencia de vida. El otro cambio es **interpersonal**, que implica cómo interactúas con los demás. Esto significa estar consciente de los roles que desempeñas en relación a y con los demás. A medida que te enfocas en hacer que ocurra un cambio, hay una realidad que siempre debes tener en cuenta: solo puedes cambiarte a ti mismo. No puedes hacer que el cambio ocurra en los demás. Sin embargo, a medida que seas más hábil para asumir los roles de Creador, Empoderado y Coach, otros pueden tomar sus propias decisiones para cambiar, pero no puedes hacer de tu objetivo cambiarlos. Solo puedes cambiarte a ti mismo".

"Ya has hecho el cambio más importante, David", dijo Sophia. "Pero déjame preguntarte esto. Cuando te encuentras cayendo en el rol de Víctima ocasionalmente, ¿cómo crees que podrías hacer el cambio hacia el Creador?"

Pensé en todo lo que Ted y Sophia me habían dicho sobre la Orientación del Creador. "Bueno", le dije, "podía recordar que un Creador se mantiene enfocado en un resultado deseado, mientras que una Víctima se centra en los problemas. Supongo que lo primero que tendré que hacer sería decidir qué es lo que realmente quiero".

"¡Eres un estudiante que aprende bastante rápido!" Sophia me regaló una gran sonrisa. "Esa es la clave para que el cambio ocurra". Te paras y te preguntas: ¿qué es lo que realmente quiero aquí? Si pudiera tener, hacer o ser lo que mi corazón deseara ahora, ¿qué aspecto tendría? ¿Quién y cómo elijo estar en esta situación?

"El solo hecho de hacer la pregunta cambia tu enfoque hacia lo que deseas crear. Y hay otra cosa muy importante a considerar. Cuando te preguntas lo que quieres, asegúrate de que sea lo que sea, esté destinado para el bien supremo y que no dañe a nadie ni a nada".

"Está bien", dije. "¿Pero no es siendo un Creador para manifestar lo que quieras?"

"Bueno, sí y no", sonrió Sophia. "Sí, porque se trata de

crear lo que quieres traer a tu vida. Pero no, un Creador no se enfoca solo en lo que quiere sin considerar su impacto sobre los demás. Crear de esa manera sería impulsado por el ego. Insistir en ese tipo de creación puede configurarte fácilmente para deslizarte al rol de Perseguidor, perdiendo contacto con la posición del Creador".

Ted explicó: "Pregúntate lo que quieres, en lugar de centrarte en lo que no quieres, es la forma de hacer que se produzca un cambio entre las orientaciones de Víctima y Creador y los roles de Víctima y Creador. Es elegir lo que quieres crear, teniendo en cuenta lo que Sophia acaba de decir, y elegir tu respuesta a tus realidades actuales. Ese es el cambio intrapersonal.

"Permanecer en la posición de Creador conlleva una gran responsabilidad, que incluye la forma en que respondes a los demás, que es el cambio interpersonal. La mayoría de la humanidad sigue caminando sonámbula por la vida en la Orientación a la Víctima. Puedes ayudar a las personas a despertar, dependiendo de cómo interactúas con ellas. Pero no puedes obligarlos a realizar ninguno de los cambios de los que estamos hablando".

Sophia intervino, "He aprendido eso de la manera difícil, Ted. Finalmente descubrí que la forma más rápida de conseguir que alguien me vea como un Perseguidor es que yo les diga que solo están siendo una Víctima".

Ted sonrió y asintió con la cabeza. "En primer lugar, un Creador extiende la compasión a los demás. Puedes hacer esto viendo a las personas como Creadores, lo sepan o no, y si lo están haciendo o no. A medida que realizas este cambio en la forma en que ves e interactúas con los demás, puedes entrar conscientemente en uno de los otros roles de TED*. Te conviertes en Co-creador al servir como Empoderado o Coach, dependiendo de la situación".

Perseguidor ‣ Empoderado

Ted colocó su bastón justo debajo de *Cr* y trazó una línea diagonal que terminaba justo a la izquierda de la letra *V*. Escribió *P* en la parte superior y *Ch* en la parte inferior. Él dijo: "Este es uno de los cambios más potentes de todos: de Perseguidor a Empoderado. La mayoría de los Perseguidores aparecen en tu vida como Empoderados deconstructivos; que preferirías evitarlos. Pero cuando eres capaz de cambiar tu punto de vista de perseguir a las personas, las condiciones o las circunstancias, sucede lo más extraño: sus acciones tienen un impacto completamente diferente sobre ti: el impacto de empoderamiento del Empoderado. Descubrir esto abre un nuevo mundo de posibilidades.

"Por un lado, puedes despertarte a una mayor comprensión de tu enojo. La ira es una de las emociones

humanas más poderosas y temidas. En el DDT, la ira
se correlaciona con el miedo: es la emoción central
del Perseguidor. Sin embargo, con TED*, la ira puede
ser una poderosa fuerza motivadora. Utilizada de
manera constructiva, te ayuda a avanzar hacia lo que te
apasiona".

"No estoy seguro de lo que quieres decir", dije

"Detrás de cada experiencia de enojo radica algo que
te importa; de lo contrario, no sentirías la ira", explicó
Ted. "Muchas grandes contribuciones surgieron como
respuestas empoderadas a la ira. Gandhi, por ejemplo,
sintió enojo por la injusticia del dominio británico
sobre la India. Fomentó su determinación de liderar un
movimiento pacífico de resistencia que llevó al pueblo de
India a ganar su independencia.

"Otra posibilidad presentada por El Empoderamiento
Dinámico es el perdón. No puedes hacer el cambio de
Perseguidor a Empoderado sin una cierta medida de
perdón, tanto de ti como de los demás. Alguien dijo una
vez que el perdón está renunciando a la esperanza de
tener un mejor pasado. No hay nada que puedas hacer
para cambiar el pasado, pero puedes elegir cómo pensar
acerca de lo que ya sucedió en tu vida. En adelante,
aplicas el aprendizaje de esa experiencia al proceso de
creación de lo que te importa".

"La ira y el perdón fueron tan importantes en mi aprendizaje y el abandono de mi relación con Dan", dijo Sophia. "En un momento encontré una cita del escritor y filósofo Henri Nouwen, quien dijo: 'El perdón cambia la forma en que recordamos. Convierte la maldición en una bendición. "Una vez que me rendí al hecho de que no podía cambiar lo que ya había pasado entre Dan y yo, pude redirigir mi energía para centrarme en lo que quería crear en mi vida. Ahora puedo decir sinceramente que estoy agradecida por nuestro divorcio, por doloroso que haya sido, por lo que he aprendido y he superado al lidiar con eso".

"Cuando surgen problemas y obstáculos, y siempre lo hacen, son parte del proceso de creación", dijo Ted. "Dales la bienvenida como maestros que te desafían a crecer. De esta manera, transformas tu situación en una oportunidad para la acción o al menos para el aprendizaje, y el regalo del Empoderado es tuyo. El dolor recibido del Perseguidor se convierte mágicamente en el fruto agridulce de la profundización del conocimiento, de aprender de su experiencia".

Pensé en cómo la ira y el perdón habían surgido dentro de mí de varias maneras en respuesta a la muerte de papá, la infertilidad y el divorcio. Sentí como si estuviera revolviendo entre los escombros de lo que parecían ser las ruinas de mi vida.

"Entonces, ¿cómo empiezo a hacer eso?", Le pregunté.

"Hay un ejercicio que puedes usar", expresó Sophia. "Primero haz una lista de las personas, condiciones o circunstancias que has considerado Perseguidores. Para cada uno de ellos, enumera al menos siete formas en que han sido un regalo o un maestro para ti. ¿Cómo te desafiaron a aprender y crecer?

Gruñí. "¡Con algunas cosas es más fácil decirlo que hacerlo!"

"Tal vez sea así", dijo Sophia. "Pero creo que te sorprenderá lo que descubras. El truco es seguir haciéndose preguntas: ¿Cuál es la lección que esta persona o situación está trayendo a mi vida? ¿Cómo y qué puedo aprender de esto? ¿Cuál es el don escondido en esta situación, sin importar lo difícil que parezca?

"Una vez que hayas anotado las lecciones y los regalos del Empoderado, dedica algo de tiempo a profundizar un poco más. Te sugiero escribir un diario en ese punto. A medida que las cosas se aclaren, hazte más preguntas: ¿Qué ideas he obtenido de esta experiencia? ¿Esta lección está completa por ahora? Si es así, ¿estoy completamente listo para perdonar, soltar y avanzar en mi vida? Al hacer esta lista y hacer estas preguntas, ¡puedes transformar a todos tus Perseguidores en Empoderados!

"David", dijo Ted, "hay otro aspecto de hacer el cambio de Perseguidor a Empoderado que puede ser incluso más complicado de lo que Sophia está describiendo".

"¿Qué podría ser más complicado que eso?", dije. "Lo que hemos estado hablando hasta ahora es el cambio intrapersonal - cómo eliges responder a un Perseguidor en tu vida. El cambio más complicado es el interpersonal, cuando te encuentras en el rol de Perseguidor o si alguien te percibe como uno. Cambiarte de Perseguidor a Empoderado requiere un enorme enfoque y esfuerzo conscientes - y en buena medida de humildad. A menudo puedes decir si alguien te está percibiendo como un Perseguidor por la forma en que reaccionas a lo que dices o haces. Si él comienza a ponerse a la defensiva, esa es una pista de que te estás presentando ante él en el rol de Perseguidor".

Pensé en mi experiencia con mi ex esposa ya que nuestro matrimonio se estaba desmoronando. Hubo muchas veces en que ella reaccionó a la defensiva ante lo que dije o hice. No cabía duda de que había caído repetidamente en el rol de Perseguidor.

Ted continuó: "Cuando notes cómo la otra persona está reaccionando hacia ti, lo primero que debes hacer es aclarar tu intención. ¿Qué estás realmente haciendo? Si tu intención es verte bien, estar en lo correcto, ser superior o infundir miedo, entonces debes detenerte en seco. Reúnete y discúlpate por tus acciones o palabras. Entonces, la parte más difícil es soltar todo.

"Por otro lado, si tienes claro que tu intención es desafiar a la otra persona para que aprenda o desarrolle su capacidad como Creador, lo mejor que puedes hacer es pedir un 'do over' (partida extra). Comienza reconociendo que tu comportamiento no se manifestó como lo habías previsto y disculpate. Esta comunicación cierra la brecha entre tu intención y el impacto negativo de tu enfoque anterior. Cuando estás haciendo el cambio interpersonal de Perseguidor a Empoderado, es importante reconocer el valor de la otra persona, su poder y su responsabilidad de tomar sus propias decisiones y elecciones. Entonces puedes invitarlo a considerar tu punto de vista. El desafío es adoptar una posición de "tómalo o déjalo" sobre lo que compartes o sugieres. La decisión de seguir tu consejo es suya. Todos crean su propia experiencia de vida y tienen una serie de lecciones por aprender. Las elecciones que hagan las personas crearán los resultados que cosechen".

"Lo llamo el desafío del Empoderado", dijo Sophia, "porque es el rol de TED* más difícil de dominar. Convertirse en un Empoderado consciente y constructivo requiere mucho tiempo para desarrollarlo".

Sophia luego dio un paso hacia mí. "David, si tu ex esposa estuviera parada aquí con nosotros, ¿qué le podrías decir para hacer el cambio de Perseguidor a Empoderado?"

Una bandada de pelícanos se elevó por el borde del acantilado y bajó por la playa. Al pensar en lo que podría decir, sentí que mi corazón se liberaba y, con eso, un torrente de lágrimas. Me ahogué con algunas palabras. "Diría que lamento la forma en que culpé y la ataqué verbalmente. Le diría que sé que estaba pasando por un momento difícil, también. Y quisiera que supiera que creo que estaba haciendo lo mejor que podía...a su manera".

"Excelente", dijo Sophia. "¿Ahora cuál dirías que fue tu intención?"

"Extrañado", dije. "Mi intención era conectarme con ella, para salvar la distancia entre nosotros. Pero las cosas que hice en realidad nos alejaron aún más. Yo le diría eso. Le diría cómo quiero aprender y crecer a través de este proceso, aunque sea doloroso, y quiero mantener en comunicación, donde sea que nos lleve. Luego le preguntaría si estaba dispuesta a hablar de ello".

"Buen comienzo", dijo Sophia. "¿Qué harías si ella se negara a hablar?"

"Bueno, en lugar de sentirme rechazado y reaccionar como una Víctima, me gustaría creer que, si realmente estuviera hablando en el marco de TED*, lo aceptaría como su elección. Simplemente la dejaría con una invitación abierta para hablar cuándo y si estaba lista".

"Y eso, querido, es el camino de un Creador". Sophia sonrió. "Y aunque puede ser más fácil decirlo que hacerlo, así es como se dice y así es como se hace". ¡Es posible!"

Ted, que había estado escuchando atentamente, intervino. "Debo decir que es divertido verlos trabajar juntos. Tengan en cuenta, también, que un Creador es capaz de asumir conscientemente el rol de Empoderado o el de Coach".

RESCATADOR ▸ COACH

Ted dibujó una tercera línea en la arena. En el extremo superior de esta línea escribió *R*, y en la parte inferior, *Co*. Luego volteó hacia mí y dijo: "Una de las mayores tentaciones de las personas que quieren ayudar a otros, hacer una contribución en el mundo, debe caer sobre el rol de Rescatador de Orientación de la Víctima. Una cosa es echar una mano cuando alguien ha caído, pero otra cosa es suponer que tienes que caminar en su nombre. Un Rescatador ve a la otra persona como una Víctima necesitada e impotente. Los Rescatadores generan dependencia; prosperan en la necesidad de ser necesitados por una Víctima.

"Un Coach, por otro lado, recuerda que otras personas son seres creativos e ingeniosos, capaces de crear los deseos de su corazón, de nuevo, ya sea que lo sepan o no, y actúen de esa manera o no. Un Coach supone que los demás son responsables de sus elecciones y experiencias de vida.

"Un Rescatador está apegado a los resultados y considera que es su responsabilidad ajustar a la Víctima, pero un Coach no está apegado a ningún resultado en particular. Más bien, el Coach sirve y apoya a un Creador al manifestar sus resultados deseados.

"A nivel intrapersonal, si percibes que alguien intenta ser un Rescatador o te arregla a ti o a tu situación, la manera de hacer que el cambio suceda es agradecerles por su preocupación y asumir tu responsabilidad como Creador. Luego puede invitarlos a que te ayuden como Coach, si se siente bien".

Pregunté: "Entonces, ¿qué puedo hacer cuando quiero ayudar a alguien sin convertirme en Rescatador? Es muy fácil para mí asumir ese papel".

"Se curioso. Haz preguntas", respondió Sophia. "La mayor contribución de un Coach está en las preguntas que haces. Los Rescatadores tienden a decirle a los demás lo que deben hacer, dando consejos o instrucciones. Los Coaches hacen sugerencias ocasionales, pero sin preocuparse de si otras personas siguen sus recomendaciones. Los excelentes Coaches hacen preguntas geniales que ayudan a los Creadores a obtener claridad sobre lo que quieren. Las preguntas también ayudan a los Creadores a evaluar con precisión su realidad actual, decidir qué se debe hacer y comprometerse con las acciones que los respaldan para avanzar hacia el cumplimiento de sus sueños".

"Cuando estábamos explorando la naturaleza de la Víctima ayer, pude recordar que cada Víctima tiene un sueño que de alguna manera ha sido negado o frustrado", dijo Ted.

"Una de las formas más poderosas y útiles para pasar de Rescatador a Coach es preguntarle a la otra persona qué es lo que *ella* quiere", agregó Sophia. "Ayúdala a identificar el sueño que ha sido negado o frustrado. ¿Qué es lo que realmente quieres aquí? Si pudieras tener o hacer o ser algo que tu corazón deseaba ahora mismo, ¿qué aspecto tendría? ¿Quién y cómo eliges ser o

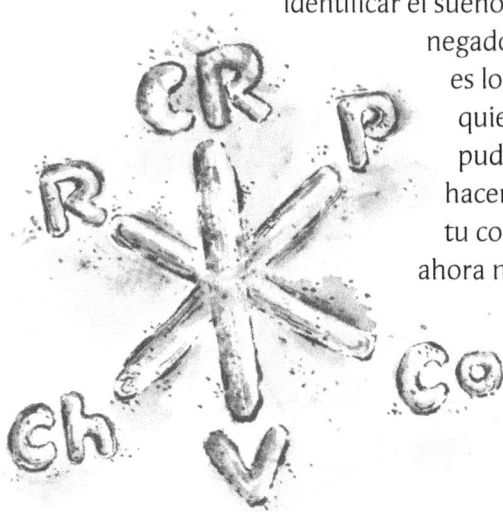

responder ante esta situación? Todas estas son preguntas que ayudan a una persona a cambiar a su propia Orientación del Creador.

"Otra gran manera de contribuir es ayudar a alguien a ver los regalos y las lecciones que un Perseguidor ha puesto a su disposición", continuó Sophia. "Puedes hacerlo haciéndole el mismo tipo de preguntas que hice hace un minuto cuando estabas trabajando para hacer tu propio cambio del rol de Perseguidor al de Empoderado. Tú podrías preguntar: ¿Cuál es la lección que esta persona o situación está trayendo a tu vida? ¿Cómo y qué puedes aprender de esto? ¿Cuál es el don escondido en esta situación, sin importar lo difícil que parezca?

El sol comenzaba su lento descenso hacia el horizonte. Nuestras sombras rodeaban el dibujo de arena de Ted, que ahora parecía algo así como un asterisco.

Mientras estudiaba las encrucijadas en la arena, sentí la mano de Ted sobre mi hombro.

"Ahí lo tienes, David. Aquí están todas tus elecciones a tus pies. Aquí puedes ver todos los roles de la Orientación a la Víctima, con su Temido Triángulo Dramático, así como también la Orientación del Creador y El Empoderamiento Dinámico. Mi desafío para ti, amigo mío, es mantenerte despierto en las decisiones que tomas todos los días y en las relaciones que cultivas".

Entonces Ted sacó algo del bolsillo de su camisa: un pequeño colgante de algún tipo, ensartado en un cordel marrón. Mientras Ted lo sostenía, vi que tenía la forma de un pequeño dólar de arena.

"Esto es para ti, David. Es para recordarte todo lo que ahora sabes. De esta manera, ofrece una fuente de protección. Ve el centro? Es un asterisco como el que está en la arena, un símbolo de la elección que siempre tienes delante de ti: Víctima o Creador".

Ted me miró por un largo momento antes de llegar a mi cabeza y colocar el amuleto alrededor de mi cuello.

Capítulo 10

CORDIAL DESPEDIDA

Aturdido, miré debajo del colgante. A la luz de la tarde, el pequeño recordatorio brillaba ligeramente contra mi camisa. En ese momento Sophia sacó un colgante similar de su sudadera y lo sostuvo para que yo lo viera. Mi corazón se sintió repentinamente más grande, como si se estuviera expandiendo para contener el momento. Los dos me habían dado tanto: su sabiduría, su experiencia, su atención. Se habían acercado cuando todo y todos los demás en mi vida parecían haberse alejado. Ted y Sophia me habían escuchado y ofrecido una nueva perspectiva. Sobre todo, me ayudaron a apuntar un camino a seguir en mi vida cuando me sentía tan estancado. Se rieron conmigo y cuidaron. Miré hacia el cielo. Tales amigos. Tal cielo! Algo más solté de adentro en ese momento. Como un prisionero que entra en la luz de la libertad, dejé fluir las lágrimas.

"Las emociones son una medida de cuán importante es para ti algo, David", dijo Ted. "Estoy feliz de recibir tus lágrimas de liberación. Confío en que tomarás lo que aprendiste estos últimos dos días y continúes creciendo en ese nuevo conocimiento. Parece que has encontrado lo que estabas buscando cuando llegaste a la playa".

"Encontré más de lo que puedo decir. Mucho más."

Mi mente estaba girando, imaginando todas las formas en que podía comenzar a aplicar TED* en mi vida. La luz del sol se sentía más cálida, los sonidos de la playa estaban llenos de significado. Pasaron los momentos sagrados. Tartamudeé: "Ya puedo pensar en tantas personas y lugares donde TED* puede mejorar las cosas; no solo en mi propia vida, sino también en otras personas. Quiero practicar lo que he aprendido aquí con mis compañeros de trabajo. Quiero compartirlo con aquellos recién casados que conozco y... y la familia de mi hermana, de hecho, la familia de todos. Chico, ojalá hubiera sabido sobre esta forma de ser mientras crecía. Apuesto a que los jóvenes realmente apreciarán la ayuda de TED*. Hay tantas áreas en las que esto podría aplicarse: las posibilidades son infinitas".

Ted se rio. "Espera, David! Detente un poco. Es cierto, no hay un solo aspecto de la experiencia humana para el cual TED* - El Empoderamiento Dinámico - no se aplica.

Da un paso a la vez y un aspecto de tu vida a la vez. Eventualmente, descubrirás que gran parte de tu vida ha sido influenciada por TED*. Pero esas exploraciones deben esperar otro día. El sol pronto se ocultará, y es el momento de terminar por hoy".

"David", dijo Sophia, "me encantaría estar en contacto y ser de apoyo de cualquier manera que pueda, como amiga, como Coach, y tal vez ocasionalmente como Empoderado. Tu crecimiento personal será mi recompensa. No es accidental que Ted nos haya juntado. Hemos recorrido caminos similares y sé que hay cosas que podemos aprender el uno del otro".

"Eso sería genial, Sophia. Gracias ", dije. Vi que Ted había cerrado los ojos. Sophia hizo lo mismo, así que hice lo mismo.

"Vamos a guardar silencio por un momento", dijo Ted. "Quiero expresar mi gratitud por nuestra reunión y por este trabajo y modo de ser que nos han sido confiados. Deja que los sonidos externos nos innunden".

Y así lo hice. Di las gracias por todo lo que había sucedido, por mis nuevas conexiones y la nueva sensación de esperanza que ahora me recorría. Tomé los sonidos de las olas, respiré el olor del océano y dejé que el calor del día surtiera efecto.

Después de unos minutos, alguien me apretó la mano y abrí los ojos. Fue Ted. Él había tomado mi mano y la de Sophia. Él la miró profundamente y luego a mí. Sentí una extraña sensación entonces, como si Ted estuviera mirando dentro y más allá de mí. Me recordó la forma en que mi padre me miraba cuando me gradué de la universidad. Entonces supe que él veía exactamente de lo que estaba hecho, que me amaba por todo lo que yo era e incluso por todo lo que aún no era. Le devolví la sonrisa.

"Hasta la próxima". Ted nos dio un abrazo. ¡Qué alma tan cálida! Sentí que mi corazón podía desbordarse.

Sophia volteó, me agarró las manos y me dio un gran apretón como si fuera una hermana perdida hace mucho tiempo que volvía a casa. Cerré los ojos y me relajé en el momento. Qué bendición sentir así, pensé. Después de un largo minuto, abrí los ojos y volteé hacia Ted.

Y Ted no estaba allí. Estaba caminando por la orilla, haciendo pequeñas marcas sobre la arena con su bastón. Parecían pequeños períodos, puntuando el final de esta conversación de dos días. Se volteó hacia nosotros, sonrió y se despidió.

Sophia se rio. "¡Él tiene una manera de hacer eso! Una cosa que puedo predecir: esta no será la última vez que vea Ted. "Extendió la mano y tocó mi colgante. Me gustaba tenerlo allí, sobre mi corazón.

Nos quedamos juntos y de pie por unos minutos mirando las olas y luego Sophia dijo: "Bueno, es hora de irse a casa". Nos despedimos. Cuando Sophia se marchaba, gritó por encima del hombro: "¡Te enviaré un correo electrónico después de la cena!".

Caminando por la playa hacia el auto, me tomé mi tiempo. Estaba el acantilado y el camino por el que Ted y yo habíamos llegado hasta aquí ayer y hoy. El sol había bajado más ahora, y las nubes habían adquirido un brillo rosa. Al escanear la parte superior del acantilado, pude ver el banco donde había venido a sentarme y pensar y escribir en mi diario. Qué diferente me sentí ahora.

"Gracias, Ted, por presentarme a TED* (El Empoderamiento Dinámico)," dije en voz alta, sonriendo. "Muchas gracias."

Nota del Autor

Los escritores escriben lo que más necesitan aprender. ¡Al menos este escritor sí! Durante la redacción de este libro se me presentaron muchas oportunidades para abandonar la Victimización, reconsiderar y aplicar TED* (El Empoderamiento Dinámico) de maneras nuevas y emocionantes. Mi vida personal y profesional me anima constantemente a observar y comprender la experiencia humana más profundamente. Como maestro, facilitador, coach y consultor, mi pasión ha sido durante mucho tiempo ayudar a mejorar la capacidad individual y colectiva de las personas para vivir y trabajar juntas. Al vivir esta pasión, me di cuenta de que la relación más fundamental, la que está en el corazón de todos los demás, es la relación con nosotros mismos y nuestra experiencia de vida.

Cada día me despierto a una variedad de opciones que moldearán mi realidad y mi vida. Algunos días son mejores que otros. Al igual que el clima fuera de mi ventana, algunas mañanas traen sol y claridad; otros parecen espolvoreados por una neblina gris. Al igual que Sophia, sigo viviendo mi camino hacia lo que significa estar arraigado a la Orientación del Creador

Así que trato de mantenerme alerta, listo para recibir a los Empoderados y los Coaches que hacen que la vida sea una rica experiencia de aprendizaje.

Este pequeño libro es en parte autobiografía y en parte ficción. Qué partes son las que, al final, no tienen ninguna consecuencia real. Las preguntas realmente importantes son estas: ¿Dónde *te* ves en la historia? ¿Qué tipo de elecciones *estás* haciendo? ¿Y cuál es el pequeño paso que hará un cambio ocurra en tu vida *hoy*?.

Podemos individualmente vivir en nuestras propias respuestas mientras vemos a todos los que nos rodean como los Creadores que en realidad son. Al ofrecer nuestros obsequios a otros como Coaches y Empoderados constructivos, podemos crear un mundo que funcione para todos nosotros. Porque, en última instancia, ese es el verdadero poder de TED*.

PREGUNTAS DURANTE EL CAMINO

Controla tu brújula

En el libro, Ted presenta a David la Orientación a la Víctima y luego lo alienta a adoptar una Orientación del Creador.

- Reflexiona sobre los momentos en que sabes que estás (o has estado) en la Orientación a la Víctima. ¿En qué tipo de personas o situaciones te enfocas que pueden llevarte a "reaccionar"? ¿Qué emociones (estado interno) surgen en esos momentos?

- Cuando estás en la Orientación a la Víctima, ¿tiendes a reaccionar huyendo, peleando o congelándote? ¿Qué haces?

- ¿Qué te atrae a la idea de adoptar una Orientación del Creador para tu vida y tu trabajo?

- ¿Qué prácticas puedes implementar para enfocarte conscientemente en lo que quieres a diario?

- ¿Reflexiona sobre un momento de tu vida en el que sentiste pasión por un resultado que creaste? ¿Cómo se sintió la "pasión" en esa experiencia? ¿Cómo lidiaste con los problemas cuando surgieron?

- ¿Cómo puedes mantenerte y pasar de una Orientación de Víctima a un Creador?

Danza de relaciones dinámicas

La Orientación a la Víctima produce y perpetúa el Temido Triángulo Dramático (DDT)™, mientras que adoptar y moverse hacia una Orientación del Creador fomenta TED* (* El Empoderamiento Dinámico)™. Aprender a "hacer el cambio" del DDT al TED* es la clave para una manera más ingeniosa, flexible y plena de relacionarse con los demás, su experiencia y contigo mismo.

- ¿Cómo sabes cuando estás en el DDT? ¿Cuál es tu experiencia y cómo te sientes?

- ¿Cómo te comportas cuando estás en el rol de Víctima?

- ¿Cómo actúas cuando estás en el rol de Perseguidor?

- ¿Qué haces cuando estás en el rol de Rescatador?

- ¿Cuál de los roles del DDT asumes con mayor frecuencia?

- ¿Cuál de los roles de TED* te atraen más: Creador, Empoderado o Coach?

- ¿Cuál de los roles de TED* encuentras más desafiante?

- ¿Qué podrías hacer para pasar del rol de Víctima al rol de Creador?

- ¿Qué podrías hacer para pasar del rol de Perseguidor al rol de Empoderado?

- ¿Qué podrías hacer para cambiar de la función de Rescatador a Coach?

- ¿Quiénes son algunas personas de tu vida o de la historia que son ejemplos inspiradores de Creadores? ¿Qué hay en ellos que te mueve y que te gustaría emular?

En Sus Marcas, Listos, Fuera

La creación de resultados requiere aprovechar la tensión dinámica y tomar los Primeros Pasos hacia lo que tiene corazón y significado, incluida la resolución de problemas.

- ¿Qué crearías si supieras que no puedes fallar? ¿Cómo describes lo que quieres crear como resultado?

- Decir la verdad sobre la realidad actual es importante. Cuando "sombreas" la realidad actual, ¿tiendes a ver las cosas como "rosadas" o "más sombrías" de lo que realmente son?

- Cuando te esfuerzas por "mantener la tensión" entre tu visión y la realidad actual, ¿Con frecuencia te sientes atraído por comprometer tu visión o no decir la verdad sobre la realidad actual?

- ¿Qué te atrae sobre el concepto de Primeros Pasos?

- ¿Cuándo tomó un Primer Paso este terminó siendo un gran avance o un "salto cuántico"?

ANEXO

Un Resumen del Poder de Ted*
(*El Empoderamiento Dinámico)

Esta sección proporciona una descripción general de los marcos y conceptos clave de El Poder de TED*, en el mismo orden en el que aparecen en la fábula.

El Temido Triángulo Dramático (DDT) por sus siglas en inglés: Víctima, Perseguidor, Rescatador. Basado en el Triángulo Dramático original de Stephen Karpman, el DDT implica tres roles entrelazados.

1. Víctima. La figura central en el DDT, una Víctima es aquella que se siente impotente y ha experimentado alguna pérdida, deseo o aspiración frustrada y/o la muerte psíquica de un sueño. Se hace una distinción importante entre el victimismo, que es una situación en la que uno es victimizado hasta cierto punto, y Victimización, que es una autoidentidad y una postura de vida "pobre de mí".

2. Perseguidor. El Perseguidor sirve como la causa de la impotencia percibida de la Víctima, reforzando la identidad "Pobre de Mí" de la Víctima. El Perseguidor puede ser una persona, una condición (como una condición de salud) o una circunstancia (un desastre natural, por ejemplo). Cuando el Perseguidor es una

persona, él o ella está simbióticamente vinculado a la Víctima y busca dominar (ya sea abierta o encubiertamente) y mantener una posición "ascendente" a través de una variedad de medios asertivos y/o manipuladores. Con frecuencia, el comportamiento de un Perseguidor se ve impulsado por su propio temor a convertirse o volver a ser una Víctima. El miedo a perder el control también puede ser un factor.

3. Rescatador. El Rescatador es cualquier persona o actividad (como una adicción) que sirve para ayudar a una Víctima a aliviar el "dolor" de la Victimización. Como actividad, el Rescatador ayuda a la Víctima a "insensibilizarse". A pesar de tener intenciones útiles, el Rescatador como persona refuerza al "Pobre de Mí" de la Víctima adoptando una actitud de "Pobre de Ti", que sirve para aumentar la sensación de impotencia de la Víctima. Esto hace que la Víctima dependa del Rescatador por una sensación de seguridad, un vínculo forjado por la vergüenza de la Víctima debido a la necesidad de ser rescatado y cimentado por el temor del Rescatador de abandono o pérdida de propósito.

FISBE: Esto sirve como la base del "modelo mental" que apoya las dos Orientaciones. Es un acrónimo de los tres elementos del modelo: donde la gente pone su enfoque (F) se involucra en un estado interno (IS) emocional que impulsa su comportamiento (BE) . Los dos modelos mentales principales (Víctima y Creador) reciben el nombre de "Orientaciones" porque en lo que nos enfocamos (es decir, orientamos) tiene mucho que ver con lo que se manifiesta en nuestra experiencia.

Orientación a la Víctima: Es en esta Orientación donde prospera el DDT. En esta forma de ser, el enfoque se centra en el problema o los problemas que dominan la vida. Cuando se produce un problema, se produce un estado interno de ansiedad, que a su vez causa una reacción. Hay tres formas básicas de reaccionar: luchar, huir o congelarse. El DDT se basa en el miedo, la evasión (de sentimientos, pérdida, dolor, realidad) y/o la reactividad agresiva. Gran parte de la humanidad camina sonámbula por la vida, involuntariamente enredada en el DDT y la Orientación a la Víctima en la que tiene lugar. Si bien la Orientación a la Víctima ha cumplido un propósito evolutivo vital al ayudar a la humanidad a sobrevivir al reaccionar frente a las amenazas en un mundo hostil, ahora ha dejado de ser útil como nuestra orientación "predeterminada".

Orientación del Creador: La alternativa a la Orientación a la Víctima, esta es la forma de ser en la que se cultiva El Empoderamiento Dinámico. El FISBE aquí es muy diferente. Un Creador se enfoca conscientemente en una visión o resultado, lo que ella elige crear en su vida. Al enfocarse en lo que quiere manifestar, un Creador se conecta con un estado interno de pasión, que lo impulsa a dar un Pequeño Paso. Cada pequeño movimiento es un avance hacia la visión o una aclaración de la forma final del resultado deseado. Un Creador todavía enfrenta y resuelve problemas, pero lo hace en el transcurso de la creación de los resultados, en lugar de simplemente reaccionar ante ellos.

AIR: Este acrónimo resalta las tres diferencias clave entre la Orientación a la Víctima y la Orientación del Creador. El primero es donde coloca su Atención (en lo que se quiere en lugar de lo que no se quiere). El segundo es lo que tienes como tu Intención (manifestar resultados, no solo liberarte de problemas). El tercero es Resultados (satisfactorio y sostenible, no temporal y reactivo). El acrónimo AIR también sirve para reforzar la realidad de que cada una de las dos orientaciones (de ahí, "air") genera una experiencia y un entorno muy diferentes.

Uso de la Tensión Dinámica: Basado en el trabajo de Robert Fritz (The Path of Least Resistance), la tensión dinámica es una forma de planificar y tomar medidas para crear resultados. Comenzamos identificando y describiendo la visión/resultado que deseamos crear. El siguiente paso es evaluar cuidadosa y completamente nuestra realidad actual en lo que se refiere al resultado previsto. Hay dos aspectos de la situación actual que identificamos. Los primeros aspectos son aquellas cosas que están sucediendo o existen que apoyan y son útiles en la creación del resultado. Los segundos aspectos son los problemas, obstáculos o cosas faltantes que inhiben nuestra capacidad de manifestar la visión. Al centrarnos tanto en el resultado como en la realidad actual, asumimos la tensión, una fuerza creativa, entre lo que queremos y dónde nos encontramos. Esta tensión busca ser resuelta. Un Creador resuelve la tensión dando los Pequeños Pasos para pasar de la realidad actual al resultado deseado. Cada pequeño paso trae aprendizaje, ya sea como resultado un paso atrás, un paso adelante o un salto cuántico en el proceso de creación de resultados.

TED* (*El Empoderamiento Dinámico): Creador, Empoderado, Coach: Como resultado de pasar de la Orientación de la Víctima a la Orientación del Creador, una serie completamente nueva de roles y dinámicas de relación se hace posible. La Empoderamiento Dinámico se compone de los siguientes tres roles, cada uno de los cuales sirve como antídoto para los roles tóxicos del DDT.

Creador. Este es el papel central de TED* y es el antídoto contra la Víctima indefensa. Un Creador cultiva su capacidad de crear resultados adoptando una Orientación del Creador y aprovechando la Tensión

Dinámica. Un Creador aumenta enormemente su capacidad de elegir una respuesta a las circunstancias de la vida (incluso en las situaciones más duras), en lugar de simplemente reaccionar ante ellas. Los creadores buscan y establecen relaciones con otros Creadores (Co-creadores), tanto para apoyar como para ser apoyados a través de los otros dos roles que conforman TED*.

Empoderado. Sirve como un antídoto para un Perseguidor, que provoca una reacción de una Víctima, un Empoderado es un catalizador para el cambio, el aprendizaje y el crecimiento de un Creador. Un Empoderado puede ser consciente y constructivo, especialmente cuando está relacionado con otro Creador. Algunos Empoderados que conocemos en la vida son inconscientes: una persona, condición o circunstancia que entra en nuestra experiencia sin invitación. En cualquier caso, un Creador puede abarcar la experiencia de un Empoderado como un llamado a la acción, el aprendizaje y el crecimiento.

Coach. Como el antídoto para un Rescatador, que refuerza la impotencia de una Víctima, un Coach ve a los demás como creativos e ingeniosos. Un Coach ve a cada persona con la que se relaciona como un Creador por derecho propio, y busca apoyarla en el proceso de creación de resultados. Un Coach realiza esto haciendo preguntas que ayudan a aclarar los resultados previstos, las realidades actuales y los posibles Pequeños Pasos. Un Coach desafía a un Creador a soñar y discernir los caminos para manifestar sus visiones.

Hacer que el cambio ocurra: Hacer que el "cambio ocurra" de la Orientación de Víctima al Creador y de los roles de DDT a sus antídotos en TED* es la vía para transformar la manera en que experimentamos la vida e interactuamos en las relaciones. El cambio de Víctima a Creador se lleva a cabo centrándose en lo que queremos en lugar de lo que no queremos, pasando de reaccionar a elegir resultados y nuestras respuestas a las experiencias de la vida, y volviendo a conectarnos con nuestros sueños y deseos. Transformar nuestra relación con Perseguidores para que los veamos como Empoderados en cambio nos llama a discernir el aprendizaje y el crecimiento que generan. Convertirse en un Empoderado consciente en relación con los demás requiere claridad de intención, la capacidad de ver al otro como un Creador por derecho propio y el deseo de provocar y evocar el crecimiento y el desarrollo. El cambio de Rescatador a Coach nos invita a ver al otro como creativo e ingenioso, y apoyarlo en el proceso de creación haciendo preguntas y facilitando su propia clarificación de los resultados previstos, las realidades actuales que enfrenta y los Pequeños Pasos posibles para avanzar.

AGRADECIMIENTOS
PARA LA DÉCIMA EDICIÓN ANIVERSARIO

Muchas personas me han alentado y me han ayudado a llevarles a TED*, y han contribuido a la maduración del libro y al cuerpo de trabajo en la última década. Para aquellos que han compartido conmigo sus historias más sinceras de cómo TED* ha hecho una diferencia en sus vidas, en retribución les ofrezco mi más sincero agradecimiento.

Si bien hay muchos defensores y promotores de TED*, quiero agradecer especialmente a los "primeros en adoptar" Bert Parlee, Ph.D.; Molly Gordon, MCC; Rand Stagen; y la increíble comunidad de practicantes de TED*: aquellos que se han presentado y han hecho de TED* una parte de su práctica y servicio en el mundo. Para los "Asistentes" de Bainbridge Island: Jerilyn Brusseau, David Hager, Bob Linz, Carol Winkler y Donna Zajonc, su aliento y apoyo, comentarios y desafíos para afirmar la vida han ejemplificado lo que puede ser un círculo de empoderamiento.

Nadie ha influido más en mi forma de pensar y en mi forma de ser en el mundo que Bob Anderson, mi amigo y fundador de The Leadership Circle, socio del Full

Circle Group y coautor de *Mastering Leadership*. Gracias por presentarme a las Orientaciones y por animarme a encontrar mi propia voz, mis propias formas de expresarlas.

Y a mi querido compañero "Four Horsemen", Bob Anderson, Jim Anderson y Dan Holden y "Soul Sister", Barbara Braham, Ph.D., así como al círculo de colegas que se han reunido ante las mesas en la Universidad de Notre Dame al servir como coaches para el Programa de Liderazgo Integral Ejecutivo, un profundo saludo de gratitud por su amor y apoyo para enfrentar mis propias "noches oscuras" del DDT, afirmando siempre la esencia del Creador que todos compartimos.

No pueden dejarse por fuera las contribuciones de dos editores especiales y consultores editoriales. Ceci Miller, como editor original y coach de publicación, gracias por el desafío de desarrollar la historia que se convirtió en TED*, y por entrenar y persuadir a las diversas voces de la historia elaborada. Fuiste una maravillosa partera (¡y gracias por presentarme a Roy!). Roy M. Carlisle, guió con maestría la segunda edición que llevó TED* hasta la madurez y la hizo accesible a un círculo de lectores aún más amplio. Esta edición del décimo aniversario quizás nunca haya llegado a buen término sin su aliento, persistencia, editoriales y sensibilidades de libreros.

Agradecimientos

Y a Donna, esposa y compañera extraordinaria, la palabra gratitud palidece en comparación con lo que mi corazón y mi cabeza realmente quieren decir sobre la contribución que aportas a mi vida y a nuestro trabajo. Por su admonición temprana de escribir el cambio del Triángulo Dramático a lo que me ayudó a nombrar como Empoderamiento Dinámico, por las sugerencias mágicas que surgieron de nuestras innumerables meditaciones matutinas de "tiempo de silencio", por leer cada palabra del manuscrito, y por animarme constantemente, te agradezco de todo corazón. Has sido una compañera increíble en cada paso del camino. Tú eres, de hecho, la madre de "TED*".

LECTURA SUGERIDA
Y REFERENCIAS

Los siguientes libros, artículos y recursos influyeron directamente en la redacción de este libro. Para obtener recursos adicionales, visite *www.PowerofTED.com*.

Allen, James. *As a Man Thinketh*. Forth Worth, TX: Brownlow Publishing, 1985.

Chopra, Deepak. *The Seven Spiritual Laws of Success: A Practical Guide to the Fulfillment of Your Dreams*. San Rafael, CA: Amber-Allen Publishing and New World Library, 1994.

Frankl, Viktor E. *Man's Search for Meaning*. New York: Washington Square Press, 1984.

Fritz, Robert. *The Path of Least Resistance: Learning to Become the Creative Force in Your Own Life*. New York: Fawcett Columbine, 1989.

Nouwen, Henri. *Bread for the Journey: A Daybook of Wisdom and Faith*. New York: HarperCollins, 1997.

Rilke, Rainer Maria. *Letters to a Young Poet*. Translated by M. D. Herter Norton. Revised Edition. New York: Norton & Company, Inc., 1993.

Varias referencias a Stephen Karpman y El Triángulo Dramático están disponibles en Internet. Las siguientes tres fueron particularmente útiles en la redacción de este libro:

Forest, Lynne. *The Three Faces of Victim*. http://www.lynneforrest.com/html/the_faces_of_victim.html

Karpman, Steve, with comments by Patty E. Fleener M.S.W. 2002-2004. *The Drama Triangle*. http://www.mental-health-today.com/articles/drama.htm

Namka, Lynne, Ed.D. 2004. *The Drama Triangle: Three Faces of Victimhood*. http://www.angriesout.com/grown20.htm

Para obtener más información sobre Stephen Karpman y El Triángulo Dramático, visite su sitio web: www.KarpmanDramaTriangle.com.

ÍNDICE

Indice

Índice

Indice

Acerca de
David Emerald

David Emerald es un Creador certificado que una vez vio la vida a través de los ojos de una Víctima. Su hogar está ubicado en una isla pacífica en el noroeste del Pacífico en los Estados Unidos, donde le gusta caminar por la playa e imaginar el mejor de todos los futuros posibles. David Emerald es también el seudónimo de David Emerald Womeldorff, cofundador del Bainbridge Leadership Center, junto con su esposa, Donna Zajonc.

Ofrece una amplia gama de productos y servicios en tres áreas de práctica interdependientes: liderazgo público, liderazgo organizacional y auto-liderazgo.

El poder de TED* sirve como un punto focal para el auto-liderazgo. David ha recurrido a décadas de experiencia en comunicación, liderazgo y desarrollo organizacional al escribir esta fábula sobre el auto-liderazgo con su convicción de que la forma en que uno lidera la propia vida está altamente correlacionada con la calidad del liderazgo en su conjunto.

Para obtener más información, visite **www.PowerofTED.com**.

www.ingramcontent.com/pod-product-compliance
Lightning Source LLC
LaVergne TN
LVHW091217080426
835509LV00009B/1043